文化创新发展实践丛书

刘洪一　主编

荔园记忆

深圳大学建设者访谈录
（第一辑）

陈洪静　主编

中国社会科学出版社

图书在版编目（CIP）数据

荔园记忆：深圳大学建设者访谈录．第一辑/陈洪静主编．—北京：
中国社会科学出版社，2021.9
（文化创新发展实践丛书）
ISBN 978 - 7 - 5203 - 9051 - 4

Ⅰ.①荔… Ⅱ.①陈… Ⅲ.①深圳大学—校史—大事记
Ⅳ.①G649.286.51

中国版本图书馆 CIP 数据核字（2021）第 176231 号

出 版 人	赵剑英	
责任编辑	马 明	孙砚文
责任校对	许 惠	
责任印制	王 超	

出　　　版	中国社会科学出版社
社　　　址	北京鼓楼西大街甲 158 号
邮　　　编	100720
网　　　址	http://www.csspw.cn
发 行 部	010 - 84083685
门 市 部	010 - 84029450
经　　　销	新华书店及其他书店

印　　　刷	北京君升印刷有限公司
装　　　订	廊坊市广阳区广增装订厂
版　　　次	2021 年 9 月第 1 版
印　　　次	2021 年 9 月第 1 次印刷

开　　　本	710×1000　1/16
印　　　张	14
插　　　页	2
字　　　数	170 千字
定　　　价	79.00 元

凡购买中国社会科学出版社图书，如有质量问题请与本社营销中心联系调换
电话:010 - 84083683

新时代大学文化建设的问题背景与实施路径（代序）

刘洪一

　　习近平总书记在党的十九大报告中提出，文化自信是一个国家、一个民族发展中更基本、更深沉、更持久的力量。大学文化也是一所大学最本质的标识和最深层的内核。缺乏文化自信的民族难以立足于世界民族之林，缺乏鲜明文化标识的大学也必然难以成为世人尊敬的好大学。在推进新时代中国高等教育的快速发展过程中，必须高度重视大学文化建设。

一　新时代要强调大学文化建设

　　进入新时代以来，伴随"双一流大学"的建设进程，中国高等教育也取得快速进步。不论是高校数量及在校生规模、高校科研人员数量及学术论文发表篇数，还是中国高校的国际排名，都得到显著提升。据统计显示，中国高等教育毛入学率超过世界平均水平，高校毕业生位居世界第一；高校承担国家自然科学基金面上项目接近80%，产生哲学社会科学成果占全国80%以上。

中国已经从高等教育的小国成长为高等教育的大国，也正在向高等教育的强国迈进。然而，在看到这些成绩的同时，我们也必须清醒地认识当前中国高等教育所面临的深层次问题。在有的高校，存在竞技化、功利化、碎片化等现象，教师队伍底线意识缺失。有的高校，在发展中重数量轻质量、重科研轻教学、重规模轻内涵、重智育轻德育、重业务轻党建。

大学文化建设不仅有助于塑造一所大学独特的气质和灵魂，还有助于矫治当前高等教育领域出现的诸多问题。通过大学精神、立德树人、师德师风、学术文化以及政治文化建设等具体文化建设，有助于纠正当前高校发展中的急功近利、追求速度规模忽视质量效益等现象，推动新时代高等教育的健康发展。基于上述认识，深圳大学于 2017 年 9 月出台《深圳大学文化创新发展纲要》，提出大学文化建设的"十大工程"，致力于将深圳大学建成文化自信的"排头兵"、文化立校的典范、城市文化的风标和先进文化的策源地，努力打造一所"有灵魂的大学"。深圳大学于 2018 年 7 月的第五次党代会又提出"文化引领、创新驱动、内涵发展"发展理念，努力争取在大学文化创新发展方面作出特区高校的探索。

二　以大学文化建设为动力　落实立德树人根本任务

习近平总书记指出："要把立德树人的成效作为检验学校一切工作的根本标准，真正做到以文化人、以德育人。"以文化人与以德育人是相互融通和协同互促的关系。通过大学精神的传承和弘扬，大学育人氛围的培育和塑造进而实现以文化人、以文育人的目标任务。

大学文化是一所大学的深层内核，而大学精神又是大学文化的深层内核。大学精神是一所大学经过历史积淀而形成的独特气质，是一所大学的灵魂所在，对于广大师生具有强烈的感召能力和潜移默化的教育效果。深圳大学把凝练和践行大学精神作为立德树人的重要途径。通过开展"深大精神"系列主题辩论赛，让"自立自律自强"的校训精神深入广大师生；将"脚踏实地、自强不息"的办学理念与学院办学育人特色相结合凝练学院精神。通过创设独具特色的典礼制度来更好地传承大学精神，在学校重要活动的仪式和程序体现大学精神内涵，增加活动的庄重感和荣誉感。通过开展践行大学精神的系列活动，组织多层次主题讨论、学科竞赛、文艺展演、学术沙龙、座谈研讨、名师访谈和校史梳理等活动，让深大精神内化于心外化于形，增进师生的归属感和认同感。

构建全方位的育人环境是高校立德树人的重要途径。构建全方位的育人环境需要发挥课堂教学、典型示范、社会实践、志愿服务、社会协同的综合效应，需要将核心价值、思政教学、素质教育有机结合起来。深圳大学实施"荔园树人"工程、"青年马克思主义者"培养工程，开展"我的中国梦——立志修身博学报国"主题教育系列活动、"自立、自律、自强"主题升旗仪式等活动来践行社会主义核心价值观。将思政课教学与校园文化活动、社区建设等校园实践紧密结合，与双休日及暑期社会实践、志愿者服务等社会实践无缝对接，将思政小课堂拓展到社会大课堂。作为"全国深化创新创业教育改革示范高校"，深圳大学将创新创业教育全面纳入人才培养计划，牵头组建"中国地方高校深创联盟"、深港大学生创新创业基地等协同育人平台，常态化开展创新创业主旋律活动，为社会培养创新创业人才。

三 以大学文化建设为路径 推进内涵式发展

内涵式发展要求高等教育领域摈弃片面追求速度、规模，乃至急功近利的发展模式，聚焦高等教育立德树人的初心本位。内涵式发展既要求中国高等教育发展理念及时转变，也要求各高校及时调整发展路径模式。推动高校朝向内涵式发展的路径转变，尤其需要突出师德师风、学术文化和高校党建等项工作的建设。

良好的师德师风要求教师具有高尚的情怀、清正的节操、卓越的学识，要关心学生热爱讲台，让讲台成为教师人生出彩的大舞台，也要求引导广大教师以德立身、以德立学、以德施教。深圳大学构建师德师风档案、行师德师风一票否决制；同时，把师德规范要求融入人才引进、课题申报、职称评审、考核晋升等各环节。密切师生关系，通过"书记下午茶"、"校长午餐会"、"每月一席谈"、学生顾问团等制度渠道，不断提升广大同学参与学校民主管理的积极性。升级"聚徒＋"教育模式，通过"聚徒＋创研"、"聚徒＋实践"、"聚徒＋创客"和"聚徒＋悦读"四大模块，以"师带徒"模式提供师生直接交流的平台，实现学术经验传承。

学术文化的导向决定着学术创新的方向和结果。破除当前高校科研出现的泡沫化、竞技化和功利化取向，需要倡导顶天立地育人的学术文化，即以服务国家战略和社会需求为宗旨，突出源头创新，强化经世致用，注重科学研究与人才培养紧密结合。鼓励原创性研究，摈弃跟班式、无病呻吟式研究；鼓励研以致用，摈弃沽名钓誉式、学术泡沫式研究；鼓励潜心治学，反对急功近利型、唯利是图型研究。深圳大学围绕大数据、光电工程、脑科学等形成重大科研团队，组织协同集成攻关，力求基础原创突破。学校还与八个地方政府建立集约型科技成果孵化平台，将高校科研成果第一时间集中投放到产业发展的最前端，着力发挥对区域产业创新驱动的引擎作用；与腾讯、华为等顶尖企业签订合作协议，开展前沿项目攻关、共建重点实验室，设立研究生校外实践基地等，形成在技术创新、项目开发、人才培养等领域的全方位深度合作。深圳大学提倡将科研成果转化成教学内容，要求所有教授为本科生上课，各级各类实验室都必须向本科教学开放，促进科研与教学的深度融合。

政治文化建设是大学文化建设的重要组成，也是高校内涵式发展的保障。习近平总书记在全国教育大会上指出，"各级各类学校党组织要把抓好学校党建工作作为办学治校的基本功，把党的教育方针全面贯彻到学校工作各方面"。社会主义的办学方向要求高校必须贯彻党委领导下的校长负责制，明确党委管党治党、办学治校主体责任。深圳大学着力加强政治文化建设，以制度建设为中心，健全校党委校行政议事规则，健全学院（部）党政联席会议规则；推动党建工作常态化制度化，认真开展党委常委会、理论中心组学习、基层党组织书记例会、基层党建书记项目、基层党建工作述职评议等各项党建工作。健全学院（部）集体领导、党政分工合作、协调运行的工作机制，强化学院（部）党政领导班子"党政同责"和"一岗双责"意识，把党建工作责任制落实落细。扎实推进"双带头人"培育工程，设立"双带头人"教师党支部书记工作室；做好基层党组织书记党建述职评议考核，开展"书记项目"和党建研究课题，把高校党建工作做实做细。

四　突出虚功实做，扎实推进大学文化建设落地生根

大学文化内涵的积淀、传承与创新非一日之功。与高校的科研、教学、招生等工作相比，大学文化建设往往被视为相对软性和虚空的工作。在具体推进大学文化建设过程当中，需要关注具体的策略和路径，否则极易流于形式和口号，难以取得切实的成果。

突出系统设计，把大学文化建设融入办学治校的全过程整体推进。大学文化不等同于大学精神，它有着更为宽泛的内涵，是管党治党、办学治校的顶层设计与宏观规划，应当渗透大学治理的各个层面。深圳大学将大学文化建设作为一条主线，贯穿于大学精神与立德树人、师德师风与学术文化、校友文化与环境文化、社科与艺术、党建工作与思政工作等具体文化建设内容，成为指导各项工作的核心理念。大学文化建设统筹教师与学生、教学与科研、文科与理科，让广大师生和各院系广泛参与到文化建设当中来。

细化项目实施，扎实推进大学文化建设。大学文化建设必须有虚有实，有理念有规划，有措施有结果，需要虚功实做，把"软指标"变成"硬约束"。要善于把大学文化建设通过项目化的方式加以分解实施，要广泛动员机关处室、各个学院和广大师生共同参与，努力营造浓厚的文化建设氛围。自 2017 年 9 月《深圳大学文化创新发展纲要》出台以来，全校各部门、各学院凝心聚力，紧抓落实，协同推进。学校将大学精神、立德树人、师德师风、学术文化、人文社科、艺术体育、校友文化、环境平台、文化传播、政治文化等"十大文化工程"分解为 35 项基本任务、191 项具体任务，落实到全校 50 家文化建设单位。每项工

程都沿着"出发点/着眼点—路径/方略—目标/愿景—举措抓手"的逻辑次序演进和实际工作部署，从"虚"（理念）出发，以"实"落地，以项目化管理方式驱动达成任务目标。此外，深圳大学还加强对文化建设项目明确的考核要求和绩效评价，年初签订建设责任书，年中、年末分别进行项目建设评估，将文化建设的战略目标、任务和动力传导到各承建单位；将各单位文化创新绩效评估结果与年终绩效、资源配置和领导班子任职考核挂钩，强化责任意识和执行力，确保文化建设的成果实实在在。

进入新时代，党和国家对高等教育发展提出新的更高要求。作为"特区大学、窗口大学、实验大学"，深圳大学应不负使命，在发展的过程中始终坚持立足特区、放眼全国、面向世界。当前，深圳大学迎来了粤港澳大湾区建设和深圳建设中国特色社会主义先行示范区的历史发展契机，正朝着建设与"双区"相匹配的高水平大学迈进。深圳大学将坚持文化引领、创新驱动、内涵发展，以一流的大学文化引领和贯穿建设人民满意的高水平特区大学建设发展全过程。

深圳大学《文化创新发展实践丛书》是对《深圳大学文化创新发展纲要》实施两年来的成果回顾和理论总结。其中，《荔园记忆：深圳大学建设者访谈录》是对深大建校历史的追根溯源，《荔园红旗：高校党的全面领导实践探索》着眼于高校党建的薪火相传；《以文化人：学生思想政治工作成果集萃》反映立德树人的初心坚守，《荔园师说：研究生导师文化解读》展开师德师风价值对话；《立德树人：德育课情境模拟实验创新研究》是对思政课主渠道的鲜活创新，《双创领航：创新创业教育改革路径探析》是对创新创业教育的崭新探索，《让梦起飞：学生辅导文化剪影》是为青年学子搭建梦想舞台。深圳大学《文化创新发展实践丛书》对落实立德树人、推进内涵发展、巩固党对高校领导等重要问题做了深入调研和理性思考，对于推动新时代大学文化建设、矫治高等教育发展深层问题，具有较强的现实意义和理论价值，希望能为广大读者提供一定的启发和借鉴。

2020 年 6 月

前　言

　　国有国史，党有党史，校有校史。习近平总书记说：历史是最好的教科书。习总书记把国史、党史、改革史的编修和学习作为关系到中华民族振兴和千秋万代持续发展的重要文化建设和思想建设来抓，作出了一系列重要指示。2017 年 9 月，深圳大学制定了《深圳大学文化创新发展纲要》（以下简称《纲要》），推进文化建设十大工程，其中就包含档案馆和校史馆的建设。而出版《荔园记忆：深圳大学建设者访谈录（第一辑）》，就是档案馆落实《纲要》的一项具体工作。

　　深圳大学自 1983 年 5 月经国务院批准成立，紧随特区，锐意改革，快速发展。这是一所根植于深圳特区，受特区精神引领，自诞生之日起就肩负高等教育改革开放使命的新型大学。建校 36 年来，深圳大学没有辜负特区人民的殷切期望，紧跟特区发展脚步，为特区的经济和文化建设输送了大量高素质人才，其敢为人先的改革精神和高速发展的姿态，为国内外高教界所瞩目。经过深大初创、筚路蓝缕（1982—1985 年），锐意创新、敢为人先（1985—1990 年），规范办学、华丽转身（1990—2000 年），励精图治、自强不息（2001—2010 年）四个发展阶段，深圳大学已进入建设高水平一流大学的阶段。

自党的十八大以来，在党的精神指引下，深圳大学更加注重内涵发展，注重文化建设和精神内核的凝聚。深圳大学虽然建校时间不长，文化积淀比不上"百年老校"，但校史的修编和教育同样重要。大学文化、大学精神是大学立校之本，理解深大文化、深大精神还需究其根本，回首往事再谈初心。深大文化精神应当体现在深大历史细节之中，认识了深大历史才能更深入地理解深大文化精神、特区文化精神。

深圳大学档案馆是深大历史的守护者，一座档案与科技相融合、信息与数字媒体相交互的校史馆即将开馆，深圳大学建设史的采集工作也正如火如荼地开展。首批接受采访并整理形成文稿的有10位深大老教师，他们都是早期深大创办之初来校的"建设者"，主要向我们讲述当年深大草创时亲历的事件，其中包括深圳大学筹办过程中的选址、基建、教师招聘、招生、第一届开学典礼、深大图书馆建设、成人教育部创立、深大改革创新各项举措等，都是一些活生生的故事。

深圳大学，作为一所以城市命名的综合性大学，她最大的魅力不是办在深圳，而是长在深圳，长在春天的故事里，长在中国改革开放和民族复兴的伟大历史进程中。深圳大学的发展故事，见证了深圳特区的飞速成长。深大故事是深圳的故事，深大精神也是深圳的精神。

目　录

深圳大学筹办之路

    "深圳大学取得的所有成绩都是深大人一代一代做出的贡献，是一代一代这么积累下来的，是一届一届的领导传承下来的。"*

---

    * 陈建辉，1937 年生，广东信宜市人，1955 年入党。1969 年于中山大学毕业后留校工作。1983 年 3 月底，被广东省高教局从雷州师专抽调筹备深圳大学，深圳大学第一位筹备办工作人员，任筹备办秘书组负责人、筹备办党支部书记。深大成立后，历任深大校长办副主任、校工会专职副主席、校机关第三党总支书记（专职）并兼总务处副处长、校师范学院党委副书记和纪委书记。1998 年退休后曾任深大关工委员至 2011 年。在深大工作 28 年，为深大的成立、发展、辉煌奉献了正能量。

创建深圳大学的紧迫性

1980 年，深圳经济特区刚刚成立，各方面建设尚未起步，因而处于人才奇缺的状态。特区建立不久，中共中央党校的领导范若愚等人就来深圳考察，考察之后，他向当时的中共中央主席胡耀邦同志汇报，建议深圳市委在深圳办高等院校。胡耀邦主席就批示"要积极去办"①。1981 年，深圳市委同暨南大学商谈合作在深圳成立特区的经济学院，后来不了了之，就没办成。同年，市委多次研究，要在深圳合作办大学，校址都选好了，后来又因条件不符也没有办成。1982 年，深圳市委、市政府为了解决特区经济管理人才短缺的问题，决定成立深圳特区干部培训中心。但是，成立特区干部培训中心只能是应急，因为培训中心就是培训到各个部门工作的干部，不可能是（解决人才短缺的）长久之计。要培养系统的、各个方面的技术都掌握的人才，那是很不容易的。同时，特区所需要的人才，有一定的特殊性，也就是涉外性。这些人才，既要懂得社会主义理论，又要知晓资本主义本质；既要掌握国内的建设经验，又要有处理涉外问题的能力。这样的人才，（当时）内地一般大学是很难培养出来的，所以既不能从内地大批调入，也不能光靠内地高校来培养。因此，在深圳创建一所综合性的大学，就非常必要和紧迫了。

---

① 1981 年 2 月，中共中央党校范若愚等在考察深圳后，向中共中央主席胡耀邦呈交了《广东深圳的特区建设问题》的报告。报告中提到：深圳在文化、教育、科学、宣传阵地方面十分薄弱，建议在抓特区经济建设的同时，认真抓好特区的思想文化建设，如建电台、电视台，创办报纸，建立高等院校等。胡耀邦在报告上批示"要积极去办"。据此，深圳市政府后来决定兴建科学馆、博物馆、电视台、图书馆、大剧院、深圳大学、体育中心、新闻中心等八大文化设施。

成立深圳大学筹委会

1982 年 11 月，广东省高教局①根据市委、市政府领导的意图，首次派出由黄其江②副局长率领的调查组到深圳调研。11 月 16 日，调查组写出了一篇调查报告，向深圳市领导汇报，题名叫《关于创办深圳大学的建议——向深圳市委汇报提纲》。报告建议，必须办一所综合性大学，校名就定"深圳大学"。这个报告是深圳大学成立的最重要的一个文件。

关于创办深圳大学的建议

——向深圳市委汇报提纲

我们这次来深圳经济特区的目的，是了解特区建设情况和特区专业人才培养情况。来后，市培训中心的同志向我们反映，说市委提出要尽快创办深圳经济学院。对这个问题我们进行了调查了解。据初步了解，我们建议：不办经济学院，而办综合性大学，校名可称"深圳大学"。我们提出这个建议的理由是：

这样的大学，既不同于现有的普通大学，也不同于以往的红专大学，而是适合于我国国情和特区建设实际需要的新型大学。

《关于创办深圳大学的建议——向深圳市委汇报提纲》

（摘选自《深圳大学 1986 年年报》）

1982 年 11 月 19 日，深圳市委、市政府领导看了这个建议后当即批示，请省正式批示，立即进行筹备。

广东省高教局十分重视这项工作，1983 年 1 月 4 日，（省高

---

① 广东省高教局：现已并入省教育厅。

② 黄其江（1933—2008）：历任粤桂边地委书记、广东医学院副院长兼党委书记、广东省高教局副局长。

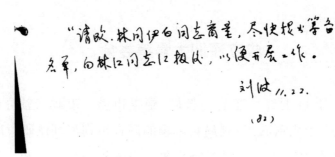

刘波同志的亲笔批示

教局）第二次派遣调查组来深圳调研。这次调查组，由黄其江、李修宏①副局长带队，由高教局的正、副处长、科长十多人组成，再次到深圳调研并提出了具体的方案，这个方案充实了建议的可操作性。1983 年 1 月 14 日，市委常委开会，专门讨论筹办深圳大学的事宜，所有的副市长及有关部门的负责同志都出席了会议。经过讨论，市委常委做出了决定，立即成立深圳大学筹备委员会。筹委会委员由组织部、宣传部、统战部、市府办、计委、发展公司和建设公司等单位选派一些同志组成。林江同志同时兼办公室主任，杨伊白②同志为副主任。杨伊白同志就是后来深圳大学的首任副校长。筹委会办公室下面设秘书、人事、教育、总务、基建五个组，组长按处级干部配备。

　　1983 年 3 月 8 日，广东省人民政府复函深圳市政府，同意创办深圳大学和成立深圳大学筹备委员会等决定。有了这些领导的决心和态度，整个筹办工作开展起来就更加顺利了。除了市委、市政府等领导以外，各个部门以及全市人民也积极支持。但是，

---

　　① 李修宏：1983 年 8 月至 1992 年 2 月出任高教局党组书记、局长。
　　② 杨伊白（1930—1993）：1983 年由深圳市培训中心调入深圳大学，曾任深圳大学筹备委员会办公室副主任、深圳大学副校长。

《关于同意筹建深圳大学的复函》

要创建的深圳大学是一新生事物，自然会有少数人不认同，这不奇怪，当然也产生了一些困难。

深圳大学诞生

筹办深圳大学之初，广东省有些同志不认同，主要是不认同在深圳创办深圳大学的紧迫性和重要性。因为当时特区不止深圳一个，于是就有人主张办个汕头大学，不需要再办深圳大学了，深圳缺乏办四年制大学的条件。当时主管教育的副省长、省委文教办、省计委等都反对成立深圳大学，这是个大难题！这些部门都是重要的部门，如果按常规办事，就要通过向这些部门呈批和报告后才能送到省长、省委书记。黄其江副局长和李修宏副局长，在省高教局里是积极主张和支持创办深圳大学的杰出代表。就在这关键之际，黄其江副局长打破常规，直接就向刘田夫①省长汇报请示，向他说明了深圳大学在深圳创办，目前有条件，将来也会有大发展。刘省长听了黄副局长的报告后，当即批示同意。可以说，黄副局长这种打破常规的做法，一般人是做不到的。

省长、省委书记都同意了。过了这个大关，申请创办深圳大学的报告就能走出省门。1983年2月26日，广东省人民政府将《关于增设深圳大学的请示报告》就直接呈送国务院、国家计委、教育部等主要单位。此时刚拿到批文的黄副局长赶紧前往北京，去教育部找主管高等教育的黄辛白②副部长。黄（其江）副局长

《关于增设深圳大学的请示报告》（部分）

① 刘田夫（1908—2002）：历任中顾委委员，广东省省长，中共广东省委书记，中国共产党第十二、第十三大代表，第五届全国人大代表。
② 黄辛白（1921—2008）：教育部原副部长，第七、八届全国政协委员。

向黄辛白副部长做了详细汇报请示，黄辛白副部长听了以后，欣然表示支持创办深圳大学，同时国家计委的领导听了汇报以后，也同意办这样一所新型大学。由于教育部、国家计委领导的支持，1983年5月10日，国务院正式发文，说国务院已经批准同意办深圳大学。国务院正式批准建立深圳大学，新型的特区大学可以说就诞生了。真是振奋人心哪！现在的年轻人都不知道深圳当时那么落后，不容易啊！

深圳大学成立相关文件

与深圳大学巧结缘

深圳大学是一切从零开始的，一无土地校舍，二无经费，三无校领导、教师，四无图书、仪器设备，可称为"四无大学"。尽管当时有这么多困难，但我始终坚信深圳大学的发展前景是无限的，前途是光明的。

我跟深圳大学结缘是在1983年春节后的事情了。春节后，我出差去广州办事，2 月 20 日中午，潘泽琳①科长陪黄其江副局长在省高教局办公室前与我巧遇。黄其江副局长见到我时，当即口头宣布："省高教局已研究决定抽调你去深圳筹建深圳大学，要求 2 月 26 日到深圳开展工作。"我听后十分高兴，也表示执行高教局的决定。当天下午，我按黄（其江）副局长的指示去省委党校请雷州师专杨校长到他办公室商谈。会见后，杨校长对我说："同意省高教局的抽调决定。"我以为很顺利了，谁也想不到，杨校长回到湛江后，就食言、反悔，以工作需要为借口，不执行广东省高教局抽调陈建辉参加筹办深圳大学的决定，以至延迟一个月有余。就这样，1983 年 3 月 27 日我赶往深圳，途经广州的那天还下着小雨。当天晚上我要在广州找个住的地方，就去了高教局招待所，我就问（服务员）："我要在这里住一个晚上，我是雷州师专来的，到深圳参加筹办深圳大学的工作。"高教局招待所的服务员看了我一眼，说："没床位了。"我整个人都愣住了，没床位那怎么办？于是，我提出帮我增加一个床位。她说没办法增加床位，态度非常差。那时候已是 8 点左右，我没办法了，提着个铁桶，冒着雨，在广州东风路奔走。在东风路上我碰到路人，问他们这段路还有什么地方有招待所有宾馆？最后我去了冶金招待所，磋商后对方同意给我增加一个床位。于是我就这样饿着肚子，勉强度过了这一夜。

　　3 月 29 日，我乘车到深圳。我是下午到深圳的，当我抵达市委办公楼的时候，已经是下午 4 点。我就去找筹委办的副主任杨伊白同志，结果找不到他。当时深圳的交通没有现在这么方便，只能走路去

---

　　① 潘泽琳（1944 年生）：历任广东省高教局计划财务处办事员、科长。曾任深圳大学校办副主任。

找住房，到了迎宾馆招待所，那服务员说："没地方了，满了。"很多人来参加深圳的筹办工作，住房很紧张，我也理解，于是我继续找，再找到教育局，因为同是教育系统，教育局有招待所我是知道的。结果教育局的服务员也跟我说当天都住满了，没方法安排了。我问："附近还有什么地方可以住的吗？"他说："你到那边去，找卫生局的招待所。"我说："好啊，卫生局，什么局的都好，有得住就行。"我赶到卫生局，他们刚好还没有下班，当时已是9点左右了。她说："你再迟点就没法安排了，（下班）没人在这里喽。"她增加了一个床位给我。在深圳的遭遇跟在广州的也是一样的，招待所的床位都很紧张。于是我又将就过了一夜。由于29日没见到杨伊白同志，加上当时没有手机很难找到他。3月30日上午，我拿着高教局给我开的介绍信还有来特区的边防通行证①，到市委直接找林江同志报到。从30日报到起，我就是深圳大学筹委办的第一名工作人员了，其他人都还没来，我是第一个。

深圳大学筹办

我报到之后，紧接着就要开展各种工作了，只有我一个人，都没其他人商量。要创办深圳大学，但是还没有人具体去办。当时我认为最紧要的一个事情，就是立户口。立户口是什么？就是编制。4月1日，我首次以深大筹委办的名义向深圳市编委会申请要36名编制，林江同志签字后就送给刘波同志，刘波同志批示后，便赶紧发通知，把深圳大学的需求纳入4月1日送出去的

---

① 边防通行证：边防证明是公民在进出国家的一些边境地区由当地的边防大队来办理的一种证件，开具通行证的内容主要是你本人所要去的地方，在边境地区所要待的时间等。当时来深者需要带边防通行证。

请示报告中。4 月 2 日，深圳市编委会正式批复：同意深圳大学筹委办人员编制为 36 名（人事编制）。这是国家干部编制的人事编制。有了编制，开展工作就比较顺利了。

编制解决了，钱也是个难题。筹办工作开展的时候需要很多开销，没钱怎么办？我用深圳大学筹委办的名义申请经费。讲到申请经费有个小插曲。（当时）深圳市委、市政府文件上答应给深圳大学 50 万元筹办经费，我来深圳大学之前都有了解这些文件的情况。于是我写了一个报告送给林江同志批示，申请 50 万元，当时我也可以说是很天真吧，认为 50 万元是很容易的。林江同志看了一下，眼睛一愣，说："老陈啊，50 万元要批下来，要开多少人的会啊？"他说了这么一句。我想，可能这个数字大了一些吧。所以我就对林江同志说，要么减小些吧。他点头同意。我说那就申请 5 万元。他就说："好，老陈，5 万元！"马上签字同意。他签字以后跟我说："老陈哪，我林江呢，其实有 10 万元的审批权，我可以批 10 万元。"哎呀，我想自己太笨了，为什么不申请 10 万元呢？筹备深圳大学的那 5 万元钱就是这么来的。那时候 5 万元钱很顶用的，不像现在 5 万元钱了，我们首先买了一辆面包车，还有购置其他筹办工作需要的东西，现在开展工作就比以前容易得多了。

"八条汉子"① 汇聚

4 月 6 日，深圳市委领导在迎宾馆会议室主持召开了一个很

① "八条汉子"即第一批正式调入深圳大学筹委会办公室的成员：陈建辉、王克来、李业盛、黄祖基、张仲春、廖汉光、梁树屏、文振国。1983 年 3 月 8 日，国务院发文同意筹办深圳大学，4 月下旬，第一批到深圳大学报到的从广州高校调进的 8 位同志抵达深圳后，深圳大学筹备委员会办公室正式成立。

"八条汉子"

（从左至右：张仲春、梁树屏、文振国、王克来、

陈建辉、李业盛、廖汉光、黄祖基）

重要的会议，黄其江副局长、高教局和人事处有关同志都参加。这个会议讨论的结果就是决定了第一批筹备办①的工作人员，共10人。当时我已经在深圳工作了，还有其他9名（王克来、李业盛、黄祖基、张仲春、梁树屏、廖汉光、文振国、廖远耿、陈小波），其中有两位（廖远耿、陈小波）没有直接来报到。这个决定还规定，4月18日，这些同志都要到深圳报到，高教局处长跟我说："老陈啊，你就不要回湛江了，打个电话给你太太吧，让你爱人去办理有关的档案转移等等手续。"我就没有回去。这是4月6日会议的第一个决定，调动的第一批工作人员10个人的名单确定了。

那天还决定了第二个事情，就是要组织一个考察组去香港高校考察，然后回过头来看看深圳大学的校园怎么建，房子怎么安排。考察的时间就定在4月8日到13日这几天，主要是黄其江副局长带队。考察组成员就由深圳市建筑设计院的几名专家及有

---

① 筹备办：深圳大学筹备委员会办公室，共分为四个组——秘书组、人事组、教务组、总务组。

关人员参与，有十多个人吧。14 日他们回来了，在迎宾馆那边开会和讨论这个考察报告，以便呈给深圳市的领导参考深圳大学怎么建。

4 月 19 日，中山大学的四个老师——王克来、李业盛、黄祖基和张仲春——正式来深圳报到了。这就增加到五条汉子了，新生力量增强了。第一批筹办工作人员陆续报到后，因暂时没有办公室，我们只好采取打游击的办公形式。由于流动性大，筹备办的印章便让我用一个皮包装着随身携带，能随时启用，曾经（深圳大学）还被戏称为"皮包大学"，现在讲起来真是有点好笑呀！因为连那个皮包还是借来的呢！深大的公章和我一起度过了30 多天的时光。白天我出门带着，吃饭、上厕所都寸步不离，晚上睡觉就放在枕头底下。深大的公章就是深圳大学一切存在的依据，不敢有半点疏忽和怠慢！

这培养了我与深大的深厚感情。有一次，黄其江副局长开会时笑着说："深圳大学在哪里？陈建辉在哪，深圳大学就在哪。"

4 月下旬，在黄其江、李修宏副局长领导下，高教局派出三位同志——张成达、朱锦銮、潘泽琳——组成一个高教局协助筹办深圳大学的工作组，坐镇深圳。4 月下旬就正式地由这个工作组来协助筹办（深圳大学）了。当时林江同志下达任务：五一节后，市委要开常委会，专门讨论深圳大学的筹办工作。他跟我说："老陈啊，筹备办要拿点东西出来哦！"意思就是写一个报告，要在会上讨论嘛。这个东西非常重要，叫什么呢？当时用的题目就是《关于深圳大学筹办工作的请示报告》，其中包括很多内容：聘请领导、教师、教职工住房、招生工作开展、聘请校长等等各种各样的内容，就梳理成这样一个报告。报告写成以后，4 月 30 日中午，我和张仲春同志就去找林江同志审批。

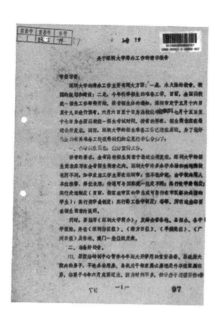

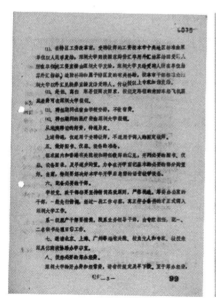

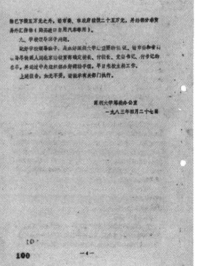

《关于深圳大学筹办工作的请示报告》

我去他住的常委楼，他在楼上二层。我到他家里，就讲要请林江同志审批点东西，他家人就跟林江同志说了，他下来了，我说："林江同志啊，你有没有吃午饭呢?"他说："还没吃。"我感觉有点不好意思："哎呀！不好意思了，你还没吃饭！林江同志，你吃完饭再审批吧!"他说："不行不行，这是公事，公事重要，一定要审批完。"因为他的坚持，于是当即就审批了这份文稿，还在上面做了批注和修改。当时已经超过两点，他还没吃饭，所以在我印象中，林江同志是一位非常好的同志。审批后他交代我："老陈啊，你去市委秘书处找郭处长，请他安排打字员打印这份文件。"当时的打字跟现在不一样的，是很难的事。我去找郭处长的时候他正在开会，快下班了我才见到他，我向他说了林江同志的意图。他也同意并安排了一位打字员帮我打这份请示报告。那天是4月30日，打字员说五一节要到来了，任务很重。如果要帮我打这些，时间要推迟一点点。我说："没问题，总之你能帮我打出来就好了。"那份材料非常重要，如果印不出来，会议无法讨论，会影响深圳大学筹办工作的开展。我等到大概晚上8点，她终于拿了我的稿件去打了。打完后还要校对，校对后再修改，然后逐张印出来，印了20份左右，然后开始装订，等到全部完成，已经晚上11点多了。当时我没办法去吃饭啊，也没有现在这么方便，那时出门口虽然就有小店，但什么吃的都没有。我的晚餐就是吃点饼干、喝点水，就这么过了。虽然有困难，但是我完成了任务，内心是乐滋滋的。5月2日，我把这个"请示报告"送给常委、副市长等有关的同志。

解决各项难题

当时还有一个大难题，那就是解决新校园的土地问题。开会的时候，管土地的胡梅英处长在会议上说只给深圳大学400亩土地，黄（其江）副局长则坚持要1500亩到2000亩，最少都不能少于1500亩。他说："深圳大学要发展，将来就别说1500亩，可能到时候都不够，不能再少的了。"胡处长不同意。双方僵持到最后出现了什么情况呢？黄副局长发了脾气："如果你不同意给1500亩，我黄其江马上回广州去，我不参加深圳大学的筹办工作！"管理这方面工作的周鼎①副书记就赶快出面处理，特别对着胡处长说："我周鼎很尊重黄其江同志，而且他讲得很有道理。"（这样）一番下来就同意批拨1500亩地了。红线②，也一次性划定。这里面也有个插曲。胡梅英处长坚持，先画个蓝线，深圳大学后面要盖多少房子再画红线。可如果是这样的话，深圳大学就没有了主动权，下次再要盖一栋房子，又要求她。所以黄（其江）副局长说："一次过！"再加上周鼎副书记也同意，所以一次性画红线就是这么来的。很多人不清楚中间的难处，黄其江副局长很了解深圳大学要发展，没有1500亩，后来的情况就会很不妙，于是他据理力争，就这么解决了土地的难题。

后来，筹备办第一批工作人员陆续报到了。没有办公场所，怎么办呢？我去找市政府秘书处的刘处长。前几次去找他，他还

---

① 周鼎：1981年任深圳市委副书记、副市长。

② 红线：建筑红线，也称"建筑控制线"。指城市规划管理中，控制城市道路两边沿街建筑物或构筑物（如外墙、台阶等）靠临街面的界线。任何临街建筑物或构筑物不得超过建筑红线。

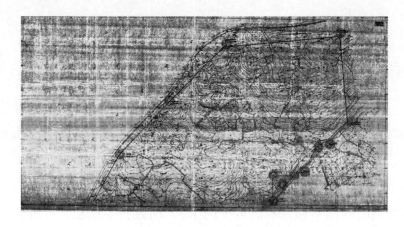

深圳大学一次性划定的红线图

算热情，等到后来再找他的时候，他的脸色就不好看了。后来他又向我道歉，说："哎，我们快去找那个行政管理处的利处长商量吧。"我们马上去找利处长，商量后才知道为什么房子没解决。原来是因为计划分给我们的房子，里面原先住有印刷厂的工人，他们的新楼房没通水没通电所以搬不出去。我们三个磋商后，利处长说："两天解决，5月9日之前就通水通电！"后来事情办妥了，印刷厂的工人搬出来了。5月10日，我们这几条"汉子"就去打扫了一下里面的六七间平房，破旧的平房。到5月11日上午，我们八条汉子就在这破旧的几个房子门口挂了第一个牌"深圳大学筹备委员会办公室"，深圳大学正式要办了哦！

这几间房子的问题要解决也不是那么容易的。这几间房子当时既是办公室，又是厨房、餐厅、储存室。第一批工作人员也没有住房，我又奔走了几天，最后行政管理处同意从通新岭划两间房子让我们七八个人住，但是两间房子都不成套，又都在一楼。一楼的水汽比较多，我们感觉有些50岁左右的老师有风湿病，就跟管理处说："两间都是一楼的，不好吧？"李科长说："没有

深圳大学筹备委员会办公室旧址

其他房子了呀!"我说:"没有?你把那个图纸拿给我看看。"没办法,他拿图纸给我看,我说:"老李啊,这里不是有一间二层的嘛?你给我们这一间,两间上下容易联系。"他没办法了,就说:"老陈,你太厉害了,一看就看出来了。"他就同意了,把两间在一层的(房子)换成一间在一层、一间在二层的,那几个人的临时住所就这样解决了。

深圳大学开办

5月17日,深圳市直属机关党委批复:"成立深圳大学筹备委员会办公室党支部,陈建辉同志任支部书记;李业盛同志任组织、纪检委员;王克来同志任宣传委员……"这对我们筹办工作的开展也是非常有利的。

中国共产党深圳市
直属机关委员会文件

深直组〔1983〕25号

★

关于成立深圳大学筹备委
员会办公室党支部的批复

深圳大学筹备委员会办公室党支部：

经研究同意：

陈建辉同志任党支部书记；

李业成同志任组织、纪检委员；

王克来同志任宣传委员。

中共深圳市直属机关委员会

一九八三年五月十七日

《关于成立深圳大学筹备委员会办公室党支部的批复》

5月下旬，黄其江副局长和杨伊白副主任率领招聘组到北京、上海、天津各地招聘人员，在教育部、清华、北大、人大等高校的大力支持下，经过一段时间的努力，将近5月底和6月中，《北京日报》《光明日报》分别在报纸上报道了深圳大学的《招聘启事》。这些都是全国有名的报纸，特别是《光明日报》，因此招聘工作也就顺利地开展。经过黄其江副局长、杨伊白副主任带领的招聘组的努力，校长、副校长、校党委书记的人选以及一批水平较高的教学人员初步有了着落。

1983 年 6 月《人民日报》关于深圳大学招生的报道

5 月中旬，深圳大学就要印制招生简章和相关宣传资料，开展招生宣传工作了。招生简章和相关宣传资料是我和仲春（张仲春）同志经办的。因为在深圳有条件，又有点经费。我们找了好一点的印刷厂，当时印出来的招生简章可以说在全省是最好的。省招生办也非常支持，就把这些招生宣传资料分送到各县各市的招生办，由各县各市的招生办再送到各个中学宣传。因为如果没有宣传的话，考生都不知道深圳大学，由于宣传工作做得好，考生有了了解，所以报考的人也很多。

6 月上旬，筹委办的工作人员基本到齐，个别没来的到 6 月底就都来深圳报到了。谢老师①是 6 月 26 日报到的。开头只有我们八条汉子，因为人手太少了，做起工作难度也比较大。后来人多了，所以筹办工作就全面开展了，并且也比较顺利了。从 6 月起，负责基建的彭乃兴和刘付闯两位同志，每天都从临时校址来到新校址。当时这片地叫作粤海门②，现在都属于南山区的了。这就是深圳大学的新校址了。当时这里杂草丛生，一片荒芜，几个小山包组成的 1500 亩的校址，有的地方没长草，黄土、红土露出来。当然，现在我们都看不到了。他们两个负责来这里测量，同时监督检查迁坟的工作，因为这里本身有很多坟墓的，有 1000 多座。监督、检查、测量，看工地有什么问题怎么处理。两个同志在这里工作困难挺多的，太阳暴晒，风吹雨淋。当时为了深圳大学能快点盖房子，让师生们快点见到比较好的校园，他们克服了这些困难，没有什么怨言。经过几个月的艰苦奋斗，到了 8 月，大部分的问题已经解决了，刚好也正式划定了新校址建设的红线，埋好了深圳大学的界桩。他们做了这些工作，取得这些成绩，为深圳大学建校舍打下了基础。这些工作做到了 1984 年初，这里才正式开始盖房子。

当时教育部非常支持、关心深圳大学的建设问题，黄辛白副部长从北京专门飞来深圳，检查深圳大学的筹办工作，同时指导筹办。这很不容易的，宝安以前是很落后，所以在建立经济特区上，他也想了解到底行不行，就来看一看。黄辛白同志来到以后，看到深圳大学筹委办的同志在铁皮屋里，在那炎热的天气

---

① 谢华珍：陈建辉之妻，深圳大学图书馆筹建人员之一。

② 即深圳大学现本部校址所在位置。《深圳大学 1986 年年报》（节选）：1983 年 1 月 27 日，深圳市委副书记、副市长周鼎同志在桂庙新村主持专门会议，会议决定：校址在后海湾桂庙地段，划一平方公里（即 1500 亩）为新校址区。

深圳大学界桩

里，以深圳人的精神努力工作着，他看到这些同志这么积极，非常感动。他鼓励大家说："深大是在一无领导班子，二无师资队伍，三无永久性校舍，四无教学、图书仪器的情况下，要求当年招生的。希望你们再接再厉，按照计划的时间开学。"

7月初开始，黄祖基①同志和谢华珍同志两个人就负责深圳大学图书馆的筹建工作。黄祖基馆长只带一个"兵"在负责筹建工作，难度有多大就可想而知了。当时在宝安县委大院的旧址，就给了一个9平方米的房作为深圳大学图书馆，直到9月开学的时候，我们总共采购了一两万册书，并且都有编号、上架等等。

8月，招生工作基本结束。原本是准备招收220人的，最后共录取216名学生，其中有不少是华南师院附中、广雅中学、执信中学等全省著名中学的尖子考生，从而保证了深圳大学第一批

① 黄祖基：深圳大学建校"八条汉子"之一。

新生的质量。第一年招的学生毕业以后，在深圳工作的不少，都取得了显著的成就。

8月28日，深圳大学聘请的校长、书记、副校长及有关专家学者抵达深圳。受到市委市政府的热烈欢迎。清华大学、人民大学的校长、副校长等，为了支援深圳大学的创办工作，也一同来到深圳。市委市政府就把大家安排在迎宾馆①，召开了几次专门的会议。一起讨论深圳大学的筹备工作、办学规模、开学典礼的时间，以及基建费由5000万元翻一番变为1亿元等［原来文件发的是5000万元基建费］。这些重大的决策，都是在这几次专门会议上定下来的。

对于基建费用的事情，现在我看有不少文章都有介绍。但如果按现在文章写的来看，就会觉得这些费用来得很简单，就是市政府决定给深圳大学基建费一个亿，但是实际上不是这么个状况。当时深圳市一年的财政收入还不够3个亿，要拿1个亿给深圳大学，是非常不容易的，是市委、市政府下了这么个决心。还有就是开学典礼的时间——9月27日，也是专门会议定下来的。这些专门会议，体现了市委、市政府创建深圳大学的胆量和决心，也表现了深圳创建高等学府的决心。

筹建深圳大学是一项大任务，筹建工作涉及方方面面。在深圳市委、市政府的直接领导下，在上级行政部门的关心以及大力支持下，在全国及广东各高校的帮助与支持下，（深圳大学筹建）工作开展得比较好。比如广东的中山大学、华南理工、暨南大学

---

① 迎宾馆：位于深圳市罗湖区新园路，其主楼为新园楼，这里曾接待过邓小平、江泽民、李鹏等国家领导人。1983年8月28日，林江、黄其江等同志于中午12时在新园宾馆会见并宴请了即将上任的张维校长、罗征启书记、方生副校长等人。——摘自《深圳大学1986年年报》第207页。

等高校，也选派了部分骨干到深圳大学工作。北京的部分高校，如北京大学、清华大学、中国人民大学也参与了援建。来自北京大学中文系的乐黛云教授、汤一介教授都挺出名的，清华搞建筑的汪坦教授，人大出名的法律系的高铭煊，都来这里做系主任。这多亏了全国有关高校、广东省的高校的积极帮助。当时的筹办工作人员也是艰苦拼搏奋斗，大家通力合作，所以整个筹办工作取得了显著的成绩。

8月23日，深圳市政府专门发出了《关于一定要保证深圳大学按期开学的紧急通知》。9月27日就要开学，还有一个多月的时间，提醒筹委办全体工作人员要更加奋力拼搏。负责基建的同志主管临时校址①的改造和维修工作。因为宝安县委县政府大院，已经决定拨为深圳大学临时校址。时间紧迫了，改建宝安县委县政府大院就由基建组主管。虽然难度很大，但是无论如何都要把它搞好。领导及筹办人员和基建队通力合作、日夜奋战、加班加点，直到9月27日凌晨，这些维修、改造工作才全部完成，保证了9月27日开学典礼能顺利举行；总务组的同志齐心协力，经过几十天的艰苦工作，保证了开学所急需的桌子、椅子等一切必需品的准备；教务组在人少任务重的情况下，团结一致加班加点干，通过几个月的奋战，编制了教学计划，搞好了课程设计，备好了教材，做好了新生入学教育的安排、开学上课必需的教室等。教务组的同志对这些的安排，为深圳大学按时开学上课提供了良好的条件。

---

① 临时校址：1983 年深圳大学开始筹建，在永久性校舍未建成交付使用前，深圳大学借用宝安县委县政府大院作为临时校舍于 5 月起在此开展筹备工作，深圳电视大学教学楼作为深大学生临时上课地点。1984 年 9 月初，校本部迁至粤海门新址，开始在新校址上课。

深圳大学成立暨首届开学典礼活动日程安排 B厅

时 间	内 容	地 点
9月25日 全 天	迎接内地来宾	火车站、东湖宾馆
9月26日 全 天	同 上	同 上
9月27日 8时	迎接香港来宾	香港尖沙嘴
9月27日 10时半	开学典礼大会	深圳戏院
9月27日 12时	宴 会	新安酒家二楼
9月27日 2时	参 观	临时校址、教学楼
9月28日 8时	参 观	新校址、中午在西丽湖（宴宾）
9月28日 下午	参 观	蛇口工业区、赤湾、蚝编香蜜湖（便宴）
9月29日 上午	参 观	渔民新村、市容、国商大厦
9月29日 下午	参 观	沙头角

深圳大学成立暨首届开学典礼活动日程安排

值得一提的是当时临时校址的问题。没有教室，怎么解决呢？就借用电大（电视大学）[①] 新盖的大楼6000平方米来解决。因为电大这边也是才开始盖的，要是没盖起来，深圳大学开学后

———————

① 电大：指的是电视大学（现称"深圳广播电视大学"）。在现在深圳市罗湖区解放路，地王大厦对面。

上课都没地方。

9 月 27 日，深圳大学就在深圳戏院举行了隆重的开学典礼。我要讲讲这里的一个插曲。本来是决定在深圳市委市政府 6 楼会议室举行的开学典礼，我是秘书组的负责人，和其他人一起布置开学典礼的会场。9 月 27 日就要举行开学典礼了，我们布置到了 25 日的时候，市政府有关同志就跟我讲，你今天的工作要停了，因为（开学典礼）要改到深圳戏院了。为什么要改呢？我们也提过意见。其实主要是因为 6 楼会议室没有空调。请的香港这些名人、大学教授、主任，还有其他一些同志来，他们的打扮和我们不一样，西装革履，热的话就很难承受。所以最后，深圳大学的开学典礼就改到新安酒家对面的深圳戏院。于是 6 楼会议室的布置就停了，我就带着其他人到戏院那边布置。因为要保证开会有气氛，开得很隆重。我们深大的师生加起来近 300 人，200 多个学生，教职工加起来还不到 100 人，市政府就下定决心，发了个通知，让科长以上的中层干部都参加，预算最后有 1000 人左右来开会，济济一堂。典礼举行后，我们申请举办宴会并得到了批准。因为当时北京来的张维校长等人到 9 月初就准备回北京去了，所以宴请嘉宾的事情就需要尽快定下来。后来，深大筹备办热情地请从北京来的张维校长等十多位同志到新安酒家喝茶，对他们表示欢送。喝茶的时候，新安酒家的经理，叫廖小燕，她挺聪明，知道这些同志将来都是深圳大学的校长、书记，她在我们喝茶的时候就过来和我们说，这次的喝茶新安酒家请你们的，就是都免费。她说，筹办深圳大学，我们新安酒家都很高兴。她提出了个请求，她说，你们肯定要宴请这些来宾的，如果你们宴请来宾，就让我新安酒家承包起来做。张维校长听说后很高兴，这个事情就这样定了下来。市委市政府也想不到这么快就定下来的，但是张维校长已经答应了。罗（征启）主任知道以后感觉这个事有点难办，他说以前宴请都是在泮溪酒家举行，新安酒家没有什么名气，他担心这次宴会办不好。罗主任几次到新安酒家找小廖和厨师商量，要保证这次宴会开好。开了几次会议，结果这次宴会开得很成功，记者也发表了一些文章，说深圳大学开学典礼开完后的宴请就设在新安酒家，表扬了新安酒家。于是新安酒家后来就发财了，就很多人到那里去吃饭，酒家赚了不少钱，这些都是后话了。新安酒家就在深圳戏院对面，现在还有新安酒家，但是已经不是原来的新安酒家了。

最后，说到深圳大学的建设，在很多方面都是创新的。比较重要的就是深圳大学的学生来到深圳大学要交学费。另一个是毕业不包分配，以前内地大学招的学生都包分配的，深圳大学招的学生就不包分配。还有教职工聘任制，内地大学当时没有的。还有后勤工作社会化等等的新举措。这些举措，都是在省高教局调研的时候就提出来的。开始的时候，全国的大学都有些议论，说深圳大学这么做有点问题。但是深圳大学不断创新，最后全国许多高校都按深圳大学的举措去办了。后来许多高校都不包分配的，还有学分制、勤工助学，这些都是深圳大学筹办的一些创新举措，我认为都是十分对的。

总之，深圳大学这所深圳特区里第一所综合性大学就此诞生了。真是振奋人心，振奋人心啊。深圳大学当年筹备、当年建校、当年招生开学，这在中国高等教育史上是罕见的，也可称为深圳的一个奇迹吧。

采 访 后 记

2018 年 5 月，我们采访了陈建辉老师，随行的还有他的夫人谢华珍老师。两位老师从家中出发前往档案馆采访室途中，便已开始滔滔不绝地聊起了深圳大学当年的事迹，就如同聊起自己家孩子的童年时期那般，向往、亲切、自然。正式采访时，陈老师翻开为接受我们的采访而亲笔写的几十页的文字手稿，那份专注与认真，是那个时代、那辈人特有的气质和态度。

采访临近尾声，提及参与深圳大学建设的收获、意义，陈建辉老师这样说道："我觉得只要有自信就能克服困难，就能搞好工作，取得成绩。在深大的筹办过程中遇到的困难，我认为一定可以克服，就去想办法，就去动脑子，克服各方面的困难、做好工作、取得成绩。其次，历届校党、政领导统率广大师生员工为办好深圳大学而奋斗拼搏，没有领导的带领，没有广大师生员工的拼搏，也不可能取得如此辉煌的成绩。深圳大学筹办期间'开荒牛'们所做的工作为深大往后的辉煌发展建设打下了扎实的基础。就好像建楼房，如果基础没建好，一盖就会塌下来。深圳大学取得的所有成绩都是深大人一代一代做出的贡献，是一代一代这么积累下来的，是一届一届的领导传承下来的。我相信深圳大学会越办越好，成绩越来越辉煌。35 岁、40 岁……，以后肯定比现在更辉煌！"最后，陈建辉老师为深圳大学题写了寄语："祝愿深圳人敢于改革、创新和勇于奋斗、拼搏的精神，继续发扬光大！并祝深圳大学继续培养一批批品学兼优的专门人才！"

祝愿深圳人敢于改革、创新和勇于奋斗拼搏的精神，继续发扬光大！并祝深圳大学继续培养一批批品学兼优的专门人才！

陈建辉

2018.5.11.

陈建辉老师硬笔题字

陈建辉老师的部分手稿

投身成人高等教育

　　"当时深圳大学要办夜大学，社会不是没有质疑的声音……既然特区有这个需求，我们就要去完成任务，不要害怕别人的言论，只要做出的结果是群众满意的就好了。所以最后我们还是申办成功了！"*

　　* 廖汉光，1963 年毕业于华南工学院，毕业后留校任教，先后担任造船系副主任，省重点"880 转子发动机"科研项目领导小组副组长，兼项目技术攻关办公室主任，广东省造船工程学会副理事长等职。1983 年 5 月调入深圳大学参与筹建工作，被誉为筹建"八条汉子"之一，是深大筹备办公室人事组负责人。1984 年筹办深圳大学夜大学（后改为深大半工半读高等专科学院），任该院院长。1990 年筹办深大成人教育学院，1991 年经上级批准，学院正式成立，任学院院长。

我与教师结缘

我的老家在广东省河源市龙川县。1958 年我入读华南工学院①。1960 年，教育部下发通知，要求学校抽取一部分学生，按照教师的标准进行培养，我就是其中之一。当时学生的助学金才十来块钱，而被作为教师培养的学生可以拿到二十来块工资，我们自然是很高兴的。所以自 1963 年毕业以后，我就留在华南工学院教书，成为一名人民教师。

成为老师后，我去湛江地区廉江县一个贫困村做过"四清"工作，与当地农民同吃、同住、同劳动。"文革"期间还去过韶关地区曲江县一个山区里办"五七干校"②。后来，根据工作需要，学校派我参加"880 转子发动机"项目科研工作。该项目是陈郁省长亲自监督的省重点项目，市长是项目攻关领导小组组

廖汉光老师（第一排右七）与学生的毕业合影

---

① 即现华南理工大学。

② "五七干校"：20 世纪中国"文化大革命"时期，全国各地各部门根据毛泽东《五七指示》兴办的农场，是集中容纳中国党政机关干部、科研文教部门的知识分子，对他们进行劳动改造、思想教育的地方。

长，我是副组长兼技术攻关办公室主任。我与华工卢教授等一批教师，结合市建设机器厂以及市机电局等多个单位技术人员组织项目的技术攻关。经过同志们长时间的奋斗努力，项目获得了广州市科技一等奖、广东省及一机部（中华人民共和国第一机械工业部）科技二等奖等成绩。我还结合项目开展实践，自己编写出《三角活塞旋转式发动机几何原理与动力学》供研究生使用的教材。这个项目我一直跟进到 1983 年，我调入深大之后就不再继续这个项目了。

当时能来到深大也是缘分。1983 年的春节过后，我到华工办公楼的人事处办点事，刚好见到了人事处的几位领导。我跟他们也比较熟，他们告诉我，刚才有深圳特区的人来，说要办深圳大学，广州的高校要抽调一部分人去筹办深圳大学。当时大家都认为不一定有人会愿意去。我说我可以去看看，就让他们帮我把名字报上去了。为什么想要调任？理由很简单，我这辈子注定就是来开荒的。读大学的时候被抽选成为按教师标准培养的学生，学习的专业又是学校新兴设立的造船系的内燃机专业，后来一边做科研一边搞教学。我个人比较有好奇心，所以想去深圳大学这一新的大学做新的尝试。另外，我跟我老伴在两个不同的单位工作，老伴工作地点远，每天都要坐车上下班，特别辛苦，所以也想通过工作调动，把老伴调到一起，从而减轻家庭负担。

3 月学校就开学了，我也没再接到通知，就以为这件事过去了。当时我还在准备动力学的教材，要给研究生讲课，还在备课中。4 月底，有人"找上门来"了，是李业盛①同志，他到我家里，问我怎么还不到深圳大学去报到。我大吃一惊，因为学校都

---

① 人事组主要负责人。

没有通知我已经被批准调职。于是，我就到学校那边找人事处和组织部谈，原来学校是不放我走的，但是我坚持，既然有这个机会我一定要争取去。我的老伴①也很支持，鼓励我去特区闯一闯。好事多磨，学校最后同意放我走了。在我先一步到深圳之后，我的老伴于1983年9月也调任到深圳大学的教务处管理教材。

筹办深圳大学

1983年5月10日，我到深圳大学报到。上午报到，下午上班，中间没有休息的时间。因为深圳特区设立不久，深圳大学起步的条件可想而知，大家都戏称是"三无学校"。来深圳大学的老师就住在招待所里面，走路到宝安县委大院②办公。说是走路，其实也没有一条真正铺好的路，周边也没什么房子。当时的生活真的不敢想象，但大家都对建设深圳大学充满热情。

深圳大学筹备委员会分为几个工作组，5月份首批到深圳大学报到的一共有8个人，这就是"八条汉子"。当时的市委书记对筹备组的工作很看重，他说过"卖掉裤子也要建起深圳大学"。当时我和李业盛同志两个人负责人事组，招聘教师、联系学校、写聘书等工作都是我们包揽的。当时，市人事局干部与深大一起到全国各地招聘教师，我负责上海地区，李业盛同志负责北京地区。招聘工作一直进行到9月，深大开学。因为筹建深大需要大批人才，特别是在教师方面，开设专业、开设课程都需要相应的教师。如果按照一般的审批流程，可能需要很长时间才能完成招聘，基

① 黄秋娥老师。
② 1983年起，深圳大学借用原宝安县委县政府大院开展筹建工作。

于这种紧迫性，我们在招聘的时候大都"先斩后奏"，双方学校沟通确定后，就直接让老师到深大入职，具体的调任审批流程后续再进行，这种"先调任后申请"新的举措为当时的筹备工作节省了不少时间，这些举措以及后来深大夜大学的筹备工作也都受到了市政府的大力支持。就这样，深圳大学如火如荼地筹备、建设起来了。9 月 27 日，深圳大学正式开学，招收了 210 名学生。

筹委会副主任、筹委办主任林江同志（中）
到火车站迎接全国各地应聘来深的老师

深大的创新精神十足，早在一开始建校的时候就提出了各种改革的想法。20 世纪有哪个国内大学搞学分制？就在我们深圳大学！不仅如此，深圳大学取消助学金设立奖学金，实施勤工俭学、允许补考重修的考试制度……现在很普遍，但在以前没有这个概念，所以跳出这个框架并不是容易的事情。增加了工作量不说，还要面对社会和其他高校的质疑。拿学分制举例，有人说，这样学生的质量得不到保证。那怎么办呢？深圳大学设立了考试委员会，专门考察夜大学生的基础知识和扩展技能，层层把关。学生在校期间要完成一千多个学时，完成课程后要参加省、市级安排的考试，学生的质量就得到了保障。

成立夜大学

深圳大学实现了当年筹建、当年开学的承诺，但对于一个刚刚成立的大学来说，这仅仅是成长的开始。在接下来的半年里，我仍然是在人事处工作。1984年3月，罗征启①校长找到我，说想成立深圳大学夜大学。他跟我说他的想法是这么来的：以前他还在清华大学任职时，曾到国外参观，了解到有个大学是半工半读的，为那些想读书但没有考上大学的人提供继续学习的机会，同时又可以让还没就业的学生在大学里工作。于是回国后，他向清华校长汇报此事，并提交了相关的研究方案，但学校没有进行下一步的工作，所以这件事情就搁置了。这次筹建深圳大学，张维②同志是校长，罗征启同志是副校长和书记，他对特区大学的建设有许多创新的想法，包括半工半读的夜大学，这次也被提上了日程。他跟我聊这个事的时候我也仔细地想了想，觉得那也行，我科研工作做过，人事工作也处理过，

① 罗征启（1934年生）：清华大学建筑系毕业，清华大学党委原副书记。1983年任深圳大学党委书记兼第一副校长。1985年至1989年任深圳大学第二任校长。

② 张维（1913—2001）：我国著名工程力学和结构力学专家，中国科学院和中国工程院院士，瑞典皇家工程科学院外籍院士。曾任清华大学副校长。1983年，受国家教委的任命，出任深圳大学首任校长。

夜大学的筹备工作同样也可以尝试和参与，所以我当即就说了，组织怎么安排，我就怎么做！就这样，我又被安排去筹建深圳大学的夜大学。

办夜大并不是那么容易的，按一般的规定，普通高校要有第一届毕业生后才能办夜大，但深圳大学是 5 年制的，1983 年才刚刚筹建并开学，5 年后才会有第一批毕业生，难道要等到 5 年后再办夜大学吗？这是不实际的。深圳特区急需大量人才参与建设，特区所需要的人才具有一定的特殊性，办夜大学也是在为特区培养人才。所以当时深圳大学要办夜大学，社会不是没有质疑的声音，但是罗征启同志依旧选择"一边申请一边准备办学"的模式，还提出了"先上学后补考"的方法。我记得罗校长跟我们谈到，方法都是人想出来的，既然特区有这个需求，我们就要去完成任务，不要害怕别人的言论，只要做出的结果是群众满意的就好了。所以最后我们还是申办成功了！

《关于设夜大学的请示报告》

《关于同意深圳大学设"夜大学"的批复》

　　当时我们只有三个人一起筹办夜大学，因为深圳大学的新校址还没有建好，所以我们还在宝安县委大院办公。筹备了几个月，1984 年暑假夜大学开始招生，秋季开学，这速度是没法想象的。筹建夜大学不是说把学校建起来学生招进来就完事的，更重要的是要怎么把夜大办好，办出特色。深大筹建夜大学，就是在改革，在创新！罗校长在创办夜大学的过程中做了很多创新的工作。三年制的半工半读形式，同学们既是学生，也是职工，在这 3 年中他们可以住校学习，又可以在学校工作。这"双重身份"的设想，是罗校长把它与学校人事制度改革、职工队伍建设、学生勤工俭学等结合起来而提出的。筹办深圳大学需要大批工作人员，我在人事处负责组织招聘，需要到劳动局申请劳动指标，当时一个小学只有一个指标，听到深圳大学要 10 个人时有点不同艺术专业的，加试素描和图案设计（或国画、油画）。

2．考试时间及地点。全国成人高考统考。时间为一九八九年五月六日至七日。具体各科目考试时间和地点，见准考证。

五、录取新生

1．按省录取新生的有关规定统一录取。

2．省市成招办规定今年新录取的新生，每人须向招生办交三十元录取费。

六、招收住校生的办法和要求

1．招收住校生的办法

①录取住校生的对象是：经原工作单位同意辞职或停薪留职来校做工读书的在职人员。

②根据学校各部门的工作需要，本人填报的住校做工志愿及其工作经历，参考统考成绩等情况，预录住校生。

2．对住校生的要求

①考生接到入学录取通知书和住校预录通知后，应提前一个月到校，由学校各用人部门进行职前培训，培训合格，确定岗位后，签订三年合同，学校发给正式录取住校通知。然后在规定的时间内持合同书、正式录取住校通知和入学录取通知书办理入学注册及住校手续。经职前培训不合格或未经培训者，取消预录住校生资格，实行走读。

②住校生一律实行半工半读，不在校做工，不得住校。一般每周工作时间48小时，最少不得少于24小时（即每天不少于4小时工作）。全天或半天做工，由用人部门根据工作情况而定。

③住校生在校做工读书期间，若工作表现不好，不遵守合同，被用人部门辞退，应改为走读。

④住校生按校内职工要求，由用人部门决定放寒暑假的时间（毕业班最后一学期除外）。

⑤住校生与走读生一样交纳学费，住宿和水电费按学校全日

节选自《招生简章（1989年）》

意。所以当时职工人手比较紧张，这也是急于办夜大的很重要的原因之一。

1984年夜大筹办后招了120多人住校，住校的学生在学校里工作。一开始工作的范围有系办公室、校长秘书、教务处、人事处、总务处等部门，后来学校的实验银行、邮电局、洗衣厂、饭堂等都有我们的学生在里面工作。拿我老伴的工作部门来说，她当时在教务处教材室工作，刚开学时任务很重，学校的本科教材

142 附 录

用工合同书

用工部门为甲方，半工半读住校生为乙方。乙方任职前培训后，双方同意签订此合同。具体条款如下。

1．用工合同期自　年　月　日起至　年　月　日止。上全天班，每月工酬为　　　元，上半天班（每天至少四小时工作），每月工酬减半，即　　　　元。放寒暑假没上班者，不发工酬。

2．甲方用工是学校批准的用工指标，乙方的工酬，由甲方上报学院，再由学院办公室统一制表报学校有关部门审核后发放。

3．乙方不享受深大教职工的福利待遇。87和88级住校生的医疗问题按老办法处理。89级住校生，如须领取医疗证，可自费到校医院办理有关手续。

4．现甲方安排乙方担负　　　　　　工作，以后根据工作需要可适当调整工种。

5．甲方要关心乙方的学习、工作、思想、身体和生活，担负着培养学生的任务。

6．乙方要服从甲方工作安排，努力完成工作任务，遵守甲方和学校的各项规章制度。若工作表现不好，经教育不改，不遵纪守法，甲方可提前解除合同，并报学院备案。解除合同后，乙方改为走读，退出住房，不得再住校。若乙方不辞而别，甲方应立即通知学院，将其改为走读，收回住房，情节严重者还将受到行政学籍上的处理。

7．乙方在毕业前夕（最后一学期），已在校外找到了工作单位，可提前半个月向甲方提出申请，经同意后方可中止合同。此时，乙方可即时退出住房，也可继续住校至该学期期末。

8．每学期末，合同期满或乙方离开甲方时，甲方都应在乙方的劳动手册中如实地给予评语。乙方将劳动手册交至学院检查或保存。

9．本合同书自签字之日起生效。甲乙双方必须严格遵守合同条款。合同书一式三份，由甲、乙和学院各存一份。

甲方负责人签字：　　　　　　乙方签字：
办公地点：　　　　　　　　　专　业：
电话号码：　　　　　　　　　年　级：
部门盖章：　　　　　　　　　住房号：
签订日期：　　年　　月　　日

学校与半工半读住校学生签订的用工合同书

114 专科生在社会

学生企业家

——记深圳大学粤海门客舍总经理赵艳华

汉云 王宁

1984年1月26日。蛇口海上世界。

邓小平亲临特区视察，梁灵光、梁湘、袁庚等作陪。蛇口洋溢着隆重欢快的气氛。

小平这天显得特别高兴，八十高龄的人了，还在酒席上连喝三杯茅台。负责接待的"海上世界"副总经理赵艳华，这时看准时机，捧出事先准备好的文房四宝，请小平同志题词。小平同志慨然应允，挥笔写下"海上世界"四字。记者们蜂拥而上，争相摄下这动人的镜头。

事后，袁庚笑着对赵艳华说："小赵，你为特区立了大功。"

这就是深圳大学高等专科学院中文秘书专业84级学生，后来曾任深大粤海门客舍总经理，被人们誉为"学生企业家"的赵艳华。

赵艳华一到深大，就在认真学习的同时，白手起家，办起了实验商场。在她的领导下，商场很快就赢得了七、八十万元的利润。

这时，深大计划兴建一座宾馆。开始，银行可以贷款，学校几家单位争着承包这项工程。1985年5月，银行不能贷款了，于是，谁也不肯承包。但是工程已经开始，怎么办？

罗征启校长在整党会议上提出了此事，"球"抛出去了，谁肯去接？这时，有人站了起来，"我推荐赵艳华！"

经过与"老罗"（我们都喜欢这样亲切地称呼我们的校长）的多次谈心，赵艳华咬了咬牙，"那我试试看吧！"

专科生在社会 115

这项工程，仅投资就达700万元。当时的深圳，经济基本处于停滞状态，要动员别人为一所学校投资，谈何容易！

可赵艳华毕竟是赵艳华，一上任，便凭着她的公关本领，使湖南株洲第一汽车制造公司、大连远洋公司、香港海通公司答应联合投资。加上办商场赚的80万元，宾馆总算可以继续施工了。

要知道，给你一块布料做新衣服容易，而给你一块已经裁剪过的布料去做新衣服就难了。为了节省，施工队每买一件东西，每花一分钱，都得要赵艳华亲自批。那时，她可真恨不得把一分钱掰成两半来花呀！赵艳华这人特别精明，商品的品种牌号、规格价目、优劣贵贱，她都了如指掌。

她把整个身心都扑在了学习与工作上，困难多得难以想象，一向性格倔强、素有"假小子"之称的赵艳华为此不知流了多少泪，十几年没发的病也复发了。

那时，钱仍不够，老罗答应从其它基建资金里挤出100万元给客舍，但由于学校财政出现赤字而作罢。同时，好心人纷纷劝她，"你不要再往火坑里跳了"、"何必自己找包袱背呢？"是啊，本来，光凭那80万元，也够赵艳华他们安逸安逸了。也有人建议，"工程就减半吧。"更糟糕的是，她手下的一些人信心也不那么足了。

赵艳华身陷困境，犹豫了，但很快她又下定了决心。半途而废，这绝不符合赵艳华的性格。只要看准了，纵使遇到再大的困难，她也会一拼到底。

大家在她的感召下，心中那熄灭的火又燃烧起来了！

"工程必须全部完成，即使爬坡，也要上去！"既然接过了包袱，就得背下去。

克服了多少困难，多少回从山穷水尽中走出路来，赵艳华已经记不清了。终于，一幢现代化的宾馆拔地而起！用副总经理赵荣吉、阎同林的话说，"客舍是含着眼泪建起来的。"凡是到过客舍或从它前面经过的人，都会看到前面那一块刻有"古石今人"四个大字的巨石。联想到客舍创建中的一切，人们一定会由

116 专科生在社会

衷地发出古石之冥顽、今人之伟大的无限感慨的！难怪感情一向很少外露的校长也充满激情地说，"这是对深大的贡献，学校感谢你们！"

建起客舍，还只是完成了任务的一半。更重要的一半是如何经营和管理，如何施行一套学生自我管理原则下的勤工俭学模式。

这时的赵艳华完全有理由见好就收，何况深圳好多单位巴不得她去，而待遇也不知比这里高多少倍。有人劝她干脆去香港，与爱人一起生活。

"我舍不得离开这里了。客舍是我们搞的，总得搞出点成效，学校信任我们，我们要干出个样子来再走。"这就是赵艳华的回答。

从1986年5月17日开业，客舍便推行了一整套新型的管理方法。

首先，大胆提拔人才，任人唯贤。上自总经理，下至小组长，几乎全由学生担任。同时，还鼓励学生毛遂自荐。有一个叫王二平的女学生，自荐担任客房部主管，并拟出一系列计划，赵艳华觉得可以，于是立即提拔她，并给她额外加薪。该同学后来果真干得很好。

其次，他们认为，勤工俭学决不应该是一块招牌，学生来客舍参加工作也不仅仅为了一点工资。因此，客舍提供给同学们的应该是与在社会锻炼达到同样效果的第二课堂。他们对同学从严要求，难怪有个同学写信给赵艳华，说客舍对同学的要求简直近乎苛刻了。然而更多的同学报名要求到客舍勤工俭学，理由就是客舍对同学要求严格。有些半工半读学生原来就已是酒店、旅行社的管理人员，他们不因这里困难重重而另谋高就，而是把能与赵艳华合作看成是一件愉快的事情。

值得一提的是，客舍非常重视同学们的学习，并且采取了相应的措施。凡平均分在70分以下的，扣除20%的工资；80分以上的，增加20%的工资。他们还调整有关同学的班次，以便他们既

专科生在社会 117

工作好，又学习好。

在生活上，他们对同学更是关怀备至。端午、中秋，他们把粽子、鸭蛋、月饼送到学生和顾客手中，不收分文。这样，既培养了学生们对客舍的感情，同时也加强了他们的主人翁责任感。

客源问题是深圳所有酒家、旅店最头痛的问题。现在整个深圳是"十个旅馆九个亏"，而粤海门客舍却通过各种渠道组织客源，他们收费不高，照理亏本无疑，因为光电费一天就要支付1300元。难怪深圳市政府秘书长李定笑着对赵艳华说，"小赵，你至少要准备亏本半年。"赵艳华的回答是，"走着瞧。"未出半年，一次台湾图书展销会上，赵艳华又遇到李定，她欣喜地告诉他，"我赚了21万9千元啦！"

我们还采访了一些学生和顾客。客人们对粤海门客舍连声赞誉，认为"一所高等学府的客舍能有如此水平，实在难以想象！"学生们说，"我们在客舍工作，既象到了社会，又好象回到了自己温馨的家！"

当初，株洲那位总经理对投资不放心，但当他与赵艳华接触后，回去立即开会，一个劲地说，"这人真了不起，一百万我们是投定了！"罗征启校长在谈起赵艳华时，也连称她"很能干"。

这就是赵艳华，深圳大学的女强人。

节选自《深圳大学另一半——半工半读高等专科学院》

和成人教育教材都需要他们订购、保管、发放。工作量非常之大，教师职工人数又少，根本忙不过来。后来有半工半读的学生帮忙分担，才没有那么辛苦。就这样三年下来，有280—300个学生住校，他们都在深大工作。当时学校没有现在那么多部门，几乎所有学校部门都有学生参与工作，学生与老师接触、打交道，师生关系也变得十分融洽，所有同事都是好朋友，矛盾就少了。虽然当初工作很辛苦，但是到现在我还是很怀念那些学生。

夜大参与学校工作的学生都可以获得工资，1983年工资大概有几十块，到1985年工资就有一百来块了，学生可以通过自己的劳动养活自己并解决生活问题。20世纪80年代初期，深圳的文化水平是比较低的，所以许多人都强烈要求来读夜大。1983年开始招生，有些学生很年轻，但有些学生已经有了家庭或即将结婚，有住房和抚育孩子等问题，为了减轻家庭的负担，很多学生愿意半工半读。

半工半读还培养了学生的独立工作能力。当时深大率先采取了毕业不包分配的制度，在夜大也是同样的。因此在夜大里半工半读的住校生，订合同、找工作、面试，一系列的流程都能在平时的学习中得到锻炼，培养学生独立工作的能力，以后在社会工作中就没什么大问题了。所以深大提出"自立自律自强"的校训，正是因为有这样的创新举措作为背景和条件。

半工半读的夜大，在全国有很大的影响。北京、上海、四川等许多地方的人，都想到深大来半工半读。因为学校的住宿名额有限，有条件的同学就不安排住在学校，晚上上下课的时候，场面很壮观。十来部大客车、摩托车，还有很多单车，让人看着很感动。当时国内还有流行"读书无用论"的说法，学习风气受到很大的影响，但深圳是另一片天地，学生学习很刻苦，都很珍惜读书的机会。夜大学第一届毕业典礼时，当时的副市长邹尔康同志在毕业典礼大会上说："好！实践证明，全日制综合大学办半工半读高等专科学院是多层次、多规格办学的好形式。有利于多出人才、快出人才，同时也促进了学校的体制改革。"所以深圳的气氛和其他地方不同，我觉得我做这份工作是有成就感的。

夜晚灯火通明的深圳大学

夜大学晚上下课时教学楼门口的客车

成立深圳大学成教学院

就这样，我们把深大夜大学一步一步办起来，而且越办越

学生在工厂上班

好。我一直在做这方面的工作。当时除了半工半读以外，我们还与社会密切联系。我们和华强路的赛格集团联合办学，为他们的职工进行专业培训，他们派公司员工来上课，一共办了两个专业大专班，电子班和会计班。因为这样的友好关系，赛格集团后来还出资在深圳大学建立了社会奖学金的项目。后来，惠州也要与我们合作办机械专业的大专班，就在他们的工厂开办。他们很高兴，不会因为步入工作就同新技术脱节，还可以学到新的专业知识。同时，我们也加强了学生与社会的联系，为更好地培养专业人才探索出新的途径。

直到1990年，学校要将全校的成人教育统合起来，叫我牵头去组织筹备工作，我的工作又发生了一些变化。当时深大的成人教育办得不错，但是缺少一个统一管理部门。学校有夜大、开放学院、各系的短训、函授等培训机构。学校根据省高教局有关

深圳大学首届高等专科学院毕业典礼

规定，决定把半工半读专科学院、开放学院合并，成立深大成教学院，取消其他培训机构，全校的成人教育统一归口成人教育学院管理。1991年经上级批准，正式成立成教学院，聘请我当院长，办公地点在市解放路172号大院。为发展深圳市成人教育，政府决定拨款在172号大院建造一座成教大楼。1993年成教大楼开始动工，在成教大楼建设期间，我们的办公地点不断更换，图书馆一楼、南华中学等地方我们都在那里办过公，成教大楼直到1996年才建成交付使用，我们重新有了可以正式办学的场所，为深大成教发展壮大打下了坚实的基础。

由于大楼里面有两个学校要共用，所以在"划分地界"上还有些小故事，我们和电视大学都觉得东侧比西侧要好，空气好也不会太晒，所以双方有点争执不下，这地方原本是深圳大学办学的用地，电大哪有理由与我们相争？不过后来深圳市的副书记出来调停，说深大是"老大哥"，让一点，就在西侧吧，多给深大一千多平方米。我把情况向校长汇报后，学校就拍板决定搬到西边，我们比电大多出的一千多平方米地方也做了相应的规划。1996年8月份我们就搬进去上课和办公，我们把新添置的设备、桌椅等安置好就开学了。

成人教育的工作，我做到1996年底退休后就结束了，还是有不少的收获的。第一，原本成人教育没有落实专门的用地，到后来建成了成教大楼，有了自己的办公和上课场所，已成为深大乃至深圳市成教的主要基地，为特区输送出一批又一批建设急需人才。第二，全校的成人教育完成了整合，1991年成立成教学院，把全校的成人教育归口统一管理起来，深大成教的未来发展有了组织上的保证。第三，1996年广东省高教局举行了第一次普通高校的夜大学评估，深圳夜大学在这次评估中获得了省的先进单位，这个评优是对我们工作最大的肯定及鼓励。在这里，我衷心地祝愿学校的成人教育在改革创新中更上一层楼！

我在工作中，边实践边提高，曾主编出版了《深圳大学另一半——半工半读高等专科学院》一书，我的文章《半工半读是办学的一种好形式》被《中国成人高等教育》收录，还有多篇文章在省市有关杂志专刊上发表。正因如此，中共党史出版社出版的《南粤功勋——谨以此书献给为南粤建设做出突出贡献的优秀儿女》一书中发表了这样一篇文章——《风雨人生不倒翁，天道酬勤尽其中——记深圳大学成人教育学院原院长廖汉光》，此文也被深圳特区历史文献《鹏城人物》（第三卷）收录。

廖汉光老师主编的《深圳大学另一半——半工半读高等专科学院》

采 访 后 记

　　2018 年 11 月 24 日，我们到廖老师家里进行采访。廖老师很和蔼，几乎把我们当作他自己的学生那般对待，眼里充满了慈爱。尽管廖老师年过八十，我们依旧能感受到他当年谆谆教导学生的影子。采访中，他的夫人黄秋娥老师全程陪伴，两位老人讲到共创深大的日子，总会默契地看向对方。黄老师对廖老师的故事，早已熟稔于心，还时不时帮他补充说明。他们既是共事几十年的同事，更是生活了半辈子最熟悉的人。那些年在深圳奋斗的艰苦岁月，那些年燃烧的热血和激情，只有他俩知道。廖老师将一生奉献给教育事业，无怨无悔。采访结束后，廖老师应我们的要求题字一则，写的是："深圳大学于艰难之中崛起，在改革之中奋进。祝愿深大越办越好！"

深圳大学于艰难之中崛起，在改革之中奋进。祝愿深大越办越好！

廖汉光
黄秋娥
2018.11.24.

廖汉光老师寄语

推行改革逆流而行

    "现在回过头来看看，我进到深圳大学，总有一点满足感。我在深圳大学起了一定的作用，心里很舒服，特别是看到学生。我们这个'八条汉子'，来对了！值得！"*

---

  * 王克来，1935 年生，祖籍海南琼海，出生于上海，成长于苏北新四军革命根据地。1949 年参加革命，1958 年由组织报送入读中山大学。毕业后在中山大学工作多年。深圳大学筹办之初，任深圳大学筹委会总务组副组长，系深圳大学第一批筹备委员会人员"八条汉子"之一。深圳大学正式开始办学后，任校办主任、学生就业指导中心主任、校企管办主任，当时全校师生的衣、食、住、行，各方面都有他的奉献。

离开母校闯深圳

我在中大 1963 年毕业后留校，不久就"文化大革命"了。在中大二十多年，我科研、人事、党支部书记等这些方面的工作是不错的。我记得很清楚，当时我的一位留校的同学偶然见到我，他见我挂校牌（校徽），就说："王克来，你还对中山大学这么有感情呀？还挂着校牌？"我说："学生挂白牌，教工挂红牌，这有什么的呢？"他说："中大对你有什么好的呀？算了吧，能离开早点离开吧。"后来回去想想他说的话，也不是没有道理呀。我想，行啊，那我去哪里呢？亲戚朋友，有的介绍我去南海油田，我不想去。后来有一次看报纸看到深圳是经济特区了！1978 年定的时候，当时谁都没有把它当一回事，深圳算什么。到了 1982 年的时候，深圳特区报纸上有报道了。所以我就想：深圳还不错吧？我这个人就喜欢到新的地方闯一闯，不要老是墨守成规的，那样没意思。

当时有一个我的学生黄剑雄，他大学毕业以后调到深圳当市政府的常务秘书。我写信给他说，我想到深圳来。他非常尊敬我，马上回信："深圳这么个小地方，就这么一条街，啥也没有，老师您是学无线电的，深圳您发挥不了作用。"可是过了两天他又回了信："昨天开了会，市委说要办深圳大学，办深圳大学您就能发挥大作用！省高教局①帮助筹备、调人、办深圳大学。您去找找他们，我估计您认识。"结果我真的认识，一问，他说："您喜欢到新的单位去，你很合适。不过那里很困难，什么都没

---

① 省高教局：现已并入省教育厅。

有，到底以后怎么样都不知道，您要想清楚一点。"听到这个以后我就下定决心，到深圳，到新的单位去。当时我总感到，因为"文化大革命"对我们的影响太大了，大学是受"文化革命"冲击最厉害的地方。一个国家的大学搞不好，那就是没什么发展的。所以那时觉得深圳会是值得我们去闯一闯的地方。

首届开学典礼

1983 年 4 月，我来了深圳大学以后才知道，深圳大学要"当年筹备，当年招生，当年开学"①。不要说中国了，这在世界历史上也是没有的。为什么深圳大学能办得这么好呢？当时深圳市市长是很支持的。还有就是省高教局的两位副局长来帮助，他带了一个工作组五六个人来。我们是第一批调进来的，就是"八条汉子"。据我所知，"八条汉子"大部分是偶然听到深圳要办大学了，自己争取来的。

9 月 27 日，深圳大学开学了，深大首届开学典礼我是校筹委会负责人。深圳大学第一届开学典礼，深圳市领导很重视。为此，深圳市市政府专门发了一个红头文件，要求深圳市社会上各个单位，能够支持、能够帮助的尽量支持帮助。所以说，深圳大学的成功筹办，与深圳市委市政府的高度重视是密不可分的！

当时开学典礼，整个经费才 5 万块钱，我们邀请了北大、清华、人大和广东、香港高校的领导、老师，两百多位来宾。整个活动就这么多钱，怎么办？为了开好宴会，我拿着红头文件去找

---

① "当年筹备，当年招生，当年开学"：1983 年 3 月 8 日，国务院发文同意筹办深圳大学；1983 年 7 月深圳大学招收第一批本科生，1983 年 9 月 27 日在深圳戏院举行成立大会暨首届开学典礼。

当时深圳最好的酒楼，定他们的招牌宴——"清宫竹膳"，按照深圳市的报销标准，价格只能是原价的一半。经理看了文件，二话没说就同意了。由于这份文件，来宾住的宾馆、开大会的礼堂都是免费使用的。

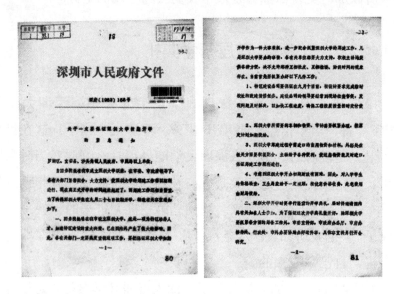

《关于一定要保证深圳大学按期开学的紧急通知》

后来，我又拿着这个文件去买布，那个时候连做那种大横幅，写着深圳大学的校旗的布都没有啊。我到商店里面说："要办深圳大学啦！"他们都感到莫名其妙："深圳还有大学？"我说："正在筹备，我们办开学典礼准备到你这里买布。"布店经理说："你有没有布票①？"我说："这个单位才刚刚成立，只有公章放在我的背包，还有红头文件。"那个经理看了红头文件以后就说："好吧，

---

① 布票：20世纪50年代，国家开始对棉布实行计划收购、计划供应；对棉花实行计划收购。布票是较早的"棉布购买证"，中国供城乡人口购买布匹或布制品的一种票证。

不要你的布票啦，卖给你！你要多少？"我估计了一下，买了横幅、红旗、绿旗呀，得把临时校区布置得像个节日的样子嘛。

深圳大学第一届开学典礼

申请经费采购单车

"八条汉子"里，我是总务组的副组长。我写了一份报告给市财政局，向财政局要经费。当时深圳市没有公共汽车的，出租汽车都很少，就几部三轮车，马路都没有几条平整的，所以深圳大学要买单车啊。我提出来要采购十部单车，到了财政局他们说："你们深圳大学有多少人啊？"我说"八个。"他们说："八个人要十部车？"我说："先筹备嘛，马上人很多的啦。一个大学怎么八个人呢，八十个、八百个都不止嘛。"他们说："到我们财政局来，不管多少都要砍一半，你愿不愿意啊？"我说："行，那就五部吧。"所以就买了五部单车。当时校筹备办分成四个组，分别是秘书组、总务组、人事组、教务组，一共四个组。五部单车，每一个组发一部，我自己留下一部。

创办新型大学

当时我就是想到新的环境闯一闯，到了深圳以后，确实感觉到，深大承担的是一个新的任务。就是怎么办成一所新型的大学。过去的大学呢，所谓培养建设人才，但是读了大学以后，学生总觉得自己跟普通人不一样啦，工资高，其他条件也好。所以我在想，这个要改变。大学要办成我们的大学，共产党的大学，培养出来是要为人民服务的大学生。

罗征启是第一批来的校领导，他是清华大学来的，在清华当

深圳大学创办伊始，就明确定位要办成一所
"具有中国特色的社会主义新型大学"

过党委副书记、宣传部部长，他有一个观点和我差不多。他来了之后有人就问他："哎，老罗。你是不是要把深圳大学办成清华第二，清华的附属大学？"他说："不对，我要是想把深大办成清华大学，我何必还要来这里？深圳大学就应该办成完全新型的。"所以他来了之后，我们就探讨这个问题，就是老大学好的东西我们怎么把它保留，不好的东西怎么把它改得对我们培养学生有利，对我们的专家更好一些。

取消助学金，设立奖学金，实施勤工俭学[①]

过去的大学生都是一进大学就享受了助学金，只要进了大学，吃住都是国家包负责，一般的学生每个月还给你发两块钱。那个时候我们来了以后，首先改掉。这个助学金啊，我们觉得起的作用不好。从小学、中学、到高中毕业的时候都是你要好好地学，但是一旦考上大学以后，国家就包你吃住，就变成国家求你去学。所以我们第一个就把学生的助学金给取消了，换成了奖学金。

我们学校还实行勤工俭学。深圳大学的勤工俭学跟取消助学金是配套的。学生到了深大以后，几乎都要找工作。你不找工作，人家反而瞧不起你。深大勤工俭学搞到什么程度呢，几乎各行各业，大到当校内商店经理、粤海门客舍（深圳大学招待所，现文山湖餐厅的位置）负责人、洗衣厂厂长、校长秘书，小到扫落叶、扫马路、当餐厅（指学校饭堂）服务员。所以勤工俭学的作用非常好。

那个时候各地的高校领导和老师都来参观，吃饭的时候到餐

---

① 勤工俭学：深圳大学1983年9月建校后进行的一项大规模的改革探索，指学生在学校的组织下利用课余时间，通过劳动获得报酬，用于改善学习和生活条件的社会实践活动。

厅去，一桌一桌的都是学生当服务员。客人就问，你是哪个年级的？你是哪个系的？饭堂里面卖饭的、打菜的都是学生。这个气氛是非常和谐的。女学生穿着裙子扫马路，她们没有一点感到丢人不好意思，都是大大方方的。一劳动，像是劳动创造世界的样子，大家这个心态呀、思想啊都完全变过来了。

学生在邮局勤工俭学

学生毕业后不包分配

后来我们还实行就业指导制度①。原来的大学，毕业以后肯定分配工作。于是学生一来，我们就讲清楚，深圳大学是不包分配工作

---

① 就业指导制度：在当时全国各高校均实施"就业分配制"的背景下，1986年，深圳大学率先成立了大学生就业指导中心，并树立相关就业指导制度。1995年，全国高校开始实行双向选择，摒除了以往国家、学校的就业分配制。

的。但也不能让他们出去到处流浪去啊，那要怎么帮他们找工作？怎么指导学生就业呢？就业指导，就是这么来的。跟勤工俭学几乎就是一个意思，就业指导是勤工俭学的一个发展、后续。

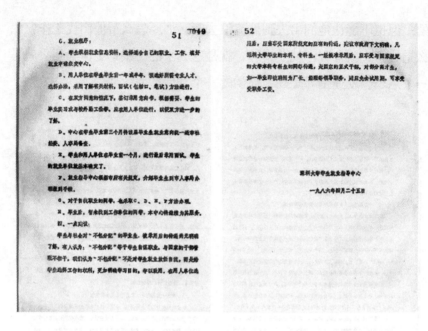

《关于开展我校学生就业指导工作的设想》

就业指导是面向社会的，所以一方面，在学生还没毕业前就和他们说，毕业了你们就要自己找工作，不要以为国家会给你们安排，这样他也有点压力和动力。另一方面，学生在读书的时候就要考虑将来的工作，要注意毕业时怎么就业，现在勤工俭学是为你们创造的一点条件。所以我当了毕业指导中心主任后，新生一入学，就跑到新生军训的营里面，跟新同学讲这些讲了一个晚上。

当时我们在思考，怎么把学生培养成受社会欢迎的人，怎么把学生跟社会结合得更好。大学生毕业以后就是为社会工作的嘛，每个大学生的最后一步就是踏上社会。学生如果像书呆子一样读了几年，那也很难找到工作。所以我们在校内四年就培养了他方方面面的技能，社会需要他什么就学点什么。包括讲普通话，包括认路，有些农村来的路他都搞不清楚啊。生活、工作方方面面的这些知识也要让他们知道。

比如对毕业生提出你们要准备三种语言来介绍你自己。在学生毕业班那年提出要求，用五分钟，三种语言介绍你自己，给他们录音录像。那三种语言讲什么呢？普通话、广东话、英语或者法语什么的。讲我是谁？我来干什么？我是哪个专业的？我毕业了我想干什么，有什么要求，例如要五百块工资，就都跟老板讲。录像就存在电脑里，等学生快毕业的前夕，我们又召集社会上的各个企业、各个需要人的单位，我们一起开会，需要人的就到电脑里面找，把录像一放，不想要的就过掉，觉得哪个不错就把他记下来，社会上很欢迎这种做法，很有作用。所以深圳大学的毕业生的就业率高，就业难度比其他地区大学容易得多，几乎百分之九十几都进了工作岗位，特别是在深大的某些勤工俭学岗位干过的学生。比如说在深大当过校长秘书，那就要了。我在小银行当过行长、当过会计，要了。这些都是比较对口的，我们邮政局也有啊，写信、发件、汇款都可以学生来办，这些负责人、工作人员很多很容易找到工作的，深大在这方面让大家满意，企业也愿意。毕业生就业，清华北大都没深大好，不是深大办得比他们好，而是深大在这方面跟社会靠近。现在回过头来看，当深

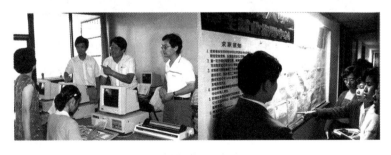

指导学生就业

大教师的难度反而比较大。我们以前大学毕业当老师，说老实话是从书本到书本，都是照本宣科，到深大就费心了，包括动手能力、口才都要社会上公认的才行啊！

人性化的宿舍、食堂和图书馆

刚才讲的从学校助学金、设立奖学金到勤工俭学，下面谈一谈我们对学生的住、吃、学习是如何考虑的。学生宿舍过去都是住六到八个人，上下床，挤得满满的，八个人都是同一个班的，同一个专业的。我们深大，罗征启就很会出主意。一个房间两个人，而且鼓励不同专业的人住在一起，当然男女还是要分开的。比如化学系跟中文系可以住在一起，这样他们可以互相交流。中文系的两个同学在谈什么，其他系的同学在一边也能学到一些东西。

两人一间的宿舍

以前的大学，饭厅都是集中在一个地方，跟学生宿舍离得比较远。我们深大呢，饭厅就搁在学生宿舍旁边，这样方便嘛。

另一个是图书馆，24小时开放。马克思在巴黎图书馆的时候，除了吃饭、睡觉，其他时候都跑到图书馆来了，结果他把放脚那个地方都搓得凹进去了。所以说同学们应该像他一样，深圳大学图书馆也应该像巴黎的图书馆一样坚持24小时开放，年三十晚上也得开放①，虽然这个也有些太过，搞得图书馆的管理人员都有点意见。

全天开放的图书馆

学生银行发放教工工资

深大还有个最大的改革，就是我们深大自己开了一个银行，

---

① "年三十晚上也得开放"：1985年，谷牧副总理到深圳慰问深圳特区人民同特区人民一起欢度春节，并于年三十视察深圳大学，发现深圳大学图书馆灯火通明。

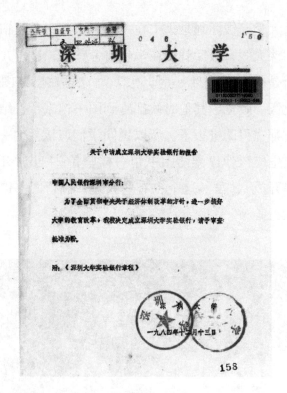

《关于申请成立深圳大学实验银行的报告》

叫学生银行①（实验银行），每个月给教工发工资。开始总务处不同意，怎么能让学生搞银行，搞错了怎么办！校长说："王克来，你跟总务处去谈谈。下个月教工的工资就由学生办的银行来发。"我找到总务处，总务处长说："学生万一搞错了怎么办？"我就说："这样吧，我作为中间人。你给他发工资的名单，每个人多少钱，加起来然后拨款，先拨到这个银行。如果银行发错了，银行负责；如果你们账算错了，你们负责；如果两边都没有

---

① 学生银行：深圳大学学生银行，又名"深圳大学学生实验银行"，于1984年9月11日成立，1985年曾更名为"深圳大学信用社"，由学生参与工作，为学生提供一定的勤工助学岗位。

问题，其他出了问题，我负责。行不行？"两边都说可以。我说那行，你们签个合同。

就这样，深圳大学教工的工资由学生银行来发，结果发了半年以后，我偶然看到报纸，深圳市公务员的工资，也开始由银行来发了。现在也都是这样了，深圳大学很多改革，隔了一两年，隔了三四年，在全国都流行起来。

实验银行

职称评定改革

深圳大学有很多方方面面的改变，人事方面的改变是什么呢？比如说评职称，"老大学"评职称，要先写文章，然后评。我们觉得，评职称就是评工作嘛，那就评工作好了。譬如老师工作好怎么评？那就看他讲课，看学生的想法，让学生去评老师讲得怎么样，而不是几个领导在那里看你写了几篇文章，登了没有，然后再确定是不是升讲师，讲师是不是升副教授。应该由学生提意见，这学期的课上得怎么样，老师讲课学生满意，那个才是水平嘛。

取消助学金、设立奖学金、主副修专业的……深圳大学很多的改革后来几乎在全国都有。因为当时我们这些人从各个地方来到深大，比如北大、清华、人大就来了很多人，开始 200 多个学生，来了五六十个教师吧，后来不断地调教师进来。他们有的是临时来干两年就回去的，也有少数的留下来了。他们当时在深大都做了很多工作，很多贡献。另外深大有什么优势呢？就是从零开始。我们来的人都是老大学来的，一讲什么都有共同语言。所以虽然深大的这个改革过程当中也有不少矛盾，也有人并不同意，感到有点过了，但深大能发展到这样，总的来说还是不错的。

实行聘任制

采 访 后 记

2018 年 1 月，一位八旬老人来到档案馆，接受我们的采访。他身着一件灰绿色满是口袋的马甲，一头苍苍白发，我们能感受到他从骨子里散发出来的自信、乐观，他就是王克来老师。在深大效力几十年，谈起深大当年的创新和改革，王老师眼神闪烁着自豪的光芒。如今他也常常回到校园，与老同事们唱唱歌、聊聊天，对深大的热爱，溢于言表。

王老师说道："现在回过头来看看，我进到深圳大学，总有一点满足感。我在深圳大学起了一定的作用，心里很舒服，特别是看到学生。我们这个'八条汉子'，来对了！值得！我不迷信什么，但是我相信命运。能来到深圳，我说我都是命好。当时怎么会想来深圳呢？我也没有想到，深圳三十多年后会变成如今这个繁华的样子。最近，我还从新闻报道中得知：今年广东省高校高考排行榜深大排第四，全省高校知名度，深大排第三。几年前，我就得知全国各高校毕业生创造的财富总值，深大排名全国第一，这是很了不起的。深圳大学 35 年过去了，取得了很大的成绩，但我相信，深圳会越来越好，深圳大学会越来越好，深大学生也会越来越好！"

匠心独运育英才

　　"我们筹办工作人员绝不会因为工作条件和生活条件差而影响筹办工作的积极性，大家都有一股热情，尽力做好深大的筹办工作，越是艰苦越向前。"*

---

　　* 江柏桂，1934年出生于广东增城，1958年考入中山大学物理系，1963年毕业留校任教，曾任中山大学哲学系副系主任。1983年6月6日调入深圳，任深圳大学筹委会办公室教务组主要负责人。深大正式成立后任教务处副处长，负责管理教务和教学改革方面的工作。1987年调任深圳市教育委员会高教中专处处长。1988年12月调任深圳师专副校长（深圳教育学院副院长，市副局级），1993年初至1994年中负责主持深圳师专党政全面领导工作，这段时间主要是提出、讨论、研究并请示上级把深圳师专并入深大的工作。1994年9月省政府下文批准深圳师专并入深圳大学，成立深大师范学院。这时江柏桂已到退休年龄，但仍积极协助做好师专并入深大的工作。1995年12月市委组织部批准其办理了退休手续。退休后，被深大师院聘请当了一年顾问。

满怀热情来深圳

1979 年中央批准成立深圳经济特区，在创办过程中，深圳市领导深感人才缺乏，1982 年开始酝酿创办一所大学，要自己培养人才。1983 年初市委市政府决定创办深圳大学，并成立深圳大学

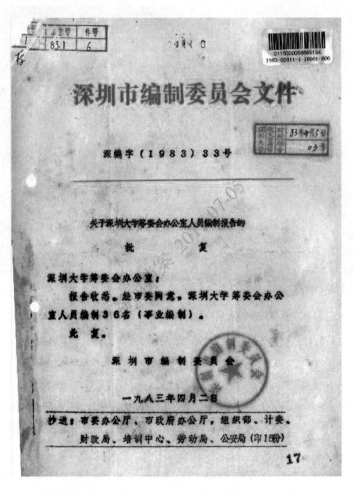

《关于深圳大学筹委会办公室人员编制报告的批复》

筹备委员会。同时研究决定深大筹委会设立办公室，由林江同志兼任深大筹委会办公室主任，杨伊白同志任办公室副主任。深圳市编制委员会批准深大筹委会办公室工作人员编制 36 人。

广东省高教局通知各高校意欲参加深大筹办工作的可报名，当时有很多干部和教师都报了名。省高教局根据筹办工作的需要与各有关高校商定 36 名抽调人员名单。深大筹委会办公室下设四个工作组，即办事组、人事组、教务组、总务组。36 名工作人员分别安排在四个组，并指定各个组的负责人。

我报了名并得到批准，当时自己也认为深圳特区办大学我应该支持，觉得自己在中山大学念了五年书（当时中大学制是五年），又工作了二十年，如能参加深大的筹办工作，应该可以为创办深大出一份力量。此外也考虑把小孩带来深圳，小孩长大成人后也能为特区的建设共同出力。于是我就满腔热情，全家人先后来了深圳。

深大筹委会办公室挂牌办公

深大筹委会办公室于 1983 年 5 月份开始调入工作人员，并挂牌办公。36 名工作人员陆续调入，第一批报到的有 8 位同志，称为"八条汉子"，我是第二批，1983 年 6 月 6 日报到，比我先报到的包括第一批共 15 人，我是第 16 位报到。

我来到深圳时，除了十几位筹办工作人员，深圳大学是一所"三无"大学：一无校舍，二无校长，三无专任教师。同时，工作条件和生活条件也很艰苦，当时只安排了原宝安县政府印刷厂一间仓库给我们办公室用，只好把它作为三种用途：一是放了好几张桌子作为办公室；二是放了几张上下铺双人床（即碌架床）

做卧室，我和几位工作人员就住在这里；三是作为饭堂，做饭就在旁边一块半露天的小地方，只能容一两个人做饭，吃饭时各自用小饭盒把饭菜放到一起端到办公室去吃。交通的问题也难办，买汽车当然没有钱，总务组的同志只好写报告给市计划局申请买自行车。

我们筹办工作人员绝不会因为工作条件和生活条件差而影响筹办工作的积极性，大家都有一股热情，尽力做好深大的筹办工作，"越是艰苦越向前"。

确定招生专业订购教材

我们教务组先来报到的同志，在深大筹委会的领导下，在省高教局派来协助深大筹办工作的同志的指导下，在深大建校规划未制订好之前，先提出深大拟办的专业，确定第一年的专业，并提出第一年招生专业的课程，经领导批准后，抓紧开展各项准备工作。

根据第一年要上的课程，特别是第一学期上的课程，安排人员采购教材。我们的同志先到教材出版部门和教材供销部门联系，得知我们需要的教材已基本卖完，就只好到广州各有关高校去联系，看他们有无多订的教材，如果有，请他们先让给我们。经过多方联系，各高校热情大力支持，最终我们第一学期所需的教材基本解决了。

招聘教师

招聘教师的工作是筹办工作的关键，我报到不久就到北京参加招聘工作。报纸上刚一登出筹办深圳大学要招聘教师的消息，全国各地就有上千人报名，招聘组在北京和上海就接待了过百人。

《关于支援深圳大学师资力量的通知》

根据深圳经济特区的情况，根据深大所办专业的需求，大概报名者中有三分之一符合要求，于是只预录了这些老师，其余的只能筛选掉了，这部分老师有300人左右。后来，这些老师有很多又来不了。主要有几种情况，有些原单位不肯放人，有些个人原因，亲人不同意等。这部分教师，大概又有三分之一左右真正能够顺利调进来，这100人左右就是深大第一批调进来的教师队伍。

在招聘过程中，要想招到好的教师，也要采取很多方法和做

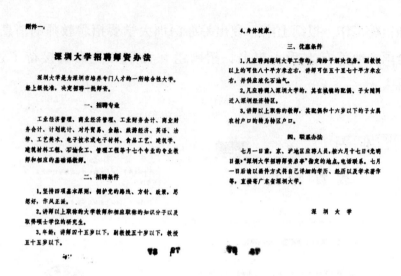

附件一：

深圳大学招聘师资办法

深圳大学是为深圳市培养专门人才的一所综合性大学。
经上级批准，决定招聘一批教师。

一、招聘专业

工业经济管理、商业经济管理、工业财务会计、商业财务会计、计划统计、对外贸易、金融、旅游经济、英语、法律、工艺美术、电子技术或电子材料、食品工艺、建筑学、建筑材料工程、石油化工、管理工程等十七个专业的专业教师和相应的基础课教师。

二、招聘条件

1. 坚持四项基本原则，拥护党的路线、方针、政策，思想好，作风正派。
2. 讲师以上职衔的大学教师和相应职衔的知识分子以及取得硕士学位的研究生。
3. 年龄：讲师四十五岁以下，副教授五十岁以下，教授五十五岁以下。

4. 身体健康。

三、优惠条件

1. 凡应聘到深圳大学工作的，均给予解决住房。副教授以上的可住八十平方来左右，讲师可住五十至七十平方来左右，并供应液化石油气。
2. 凡应聘调入深圳大学的，其在城镇的配偶、子女随同迁入深圳经济特区。
3. 讲师以上原来的教师，其配偶和十六岁以下的子女农村户口的转为特区户口。

四、联系办法

七月一日京、沪地区应聘人员，按六月十七日《光明日报》"深圳大学招聘师资启事"指定的地点、电话联系。七月一日后请以通讯方式将自己详细的学历、经历以及学术著作等，直接寄广东省深圳大学。

深 圳 大 学

《深圳大学招聘师资办法》

很多争取的工作。比如，北大青年教师张卫东和刘丽川[①]夫妇就来报了名。我们认为这两位教师是北大研究生毕业留校，条件很优秀，一定要把他们聘到。于是就派人到北大拜访中文系主任，我们先说明来意，并说北大是全国最高学府，筹办深圳大学希望能得到北大的大力支持。系主任听了我们的说明，他说深圳特区办大学，北大是应该大力支持。我们的同志听到系主任表态那么积极，就提出张卫东和刘丽川两位老师报了名想到深大，希望系主任批准他们过来。系主任一听我们要从北大中文系要人，脸色有点变，说这两位老师都是北大要重点培养的青年教师，调走了对北大中文系青年教师的培养计划会有影响，表示不同意放人。我们又说北大中文系人才济济，带走一两个青年教师，应该不会有什么影响。但是对于深大就不一样，多进一位老师就多一份力量。深大如果不调进一批优秀教师，是很难办好的。北大优秀教

---

① 张卫东、刘丽川于1983年调入深大，任教于深圳大学中文系（现深圳大学文学院）。

师那么多，调一两个来深大都调不到，要想从其他地方调优秀教师，困难就更大。北大能同意调一些教师来深大，这是对办好深大的最有力支持，希望系主任"高抬贵手"，批准这两位教师来

光明日报

GUANG MING RIBAO

1983年6月17日 星期五

农历癸亥年五月初七 第12254号。

深圳大学招聘师资启事

深圳大学是为深圳市培养专门人才的一所综合性大学。经上级批准，决定招聘一批师资。

一、招聘专业

工业经济管理、商业经济管理、工业财务会计、商业财务会计、计划统计、对外贸易、金融、旅游经济、英语、法律、工艺美术、电子技术或电子材料、食品工艺、建筑学、建筑材料工程、石油化工、管理工程等十七个专业的专业教师和相应的基础课教师。

二、招聘条件

1、坚持四项基本原则，拥护党的路线、方针、政策，思想好，作风正。2、讲师以上职称的大学教师和相应职称的知识分子以及取得硕士学位的研究生。3、年龄：讲师四十五岁以下，副教授五十岁以下，教授五十岁以下。4、身体健康。

三、优惠条件

1、凡应聘到深圳大学工作的均给予解决住房，副教授以上的可住八十平方米左右，讲师可住五十至七十平方米左右，并供应液化石油气。2、凡应聘调入深圳大学时，其在城镇的配偶、子女随同迁入深圳经济特区。3、讲师以上职称的教师，其配偶子女（十六岁以下）属农村户口的转为深圳特区户口。

四、招聘办法

1、在北京市的，请持本单位的介绍信到劳动人事部招待所内深圳特区招聘组联系（和平里中街四区，电话46.3356、或46.3431转397、305）

2、在上海的，请持本单位的介绍信到镇宁路405弄69号广东省驻沪办事处联系（电话：524697）。

3、其他省市的请用函件方式将自己详细的学历简历以及学术著作等，直接寄广东省深圳大学。

4、京、沪招聘工作组，七月一日前结束接待工作，逾期者，按第三条办法办理。

深圳经济特区招聘组

《深圳大学招聘师资启事》

（《光明日报》1983年6月17日）

深大。我们这样说了以后，系主任有些松口，说研究一下再答复你们，尽量吧。我们看到有希望，后来又做了一些争取工作，北大中文系终于同意放两位老师来深大。其他许多教师，也是做了很多争取的工作才调来。

1983 年 7 月开始调来的教师陆续报到，到 8 月中旬第一学期授课的教师大部分到齐。根据课程需要，第一学期上课的教师还缺一些。后来从中山大学借了一位数学课教师和一位哲学课教师，又从北京语言学院借来一位语言课教师，这样第一学期上课教师在新生报到前全部解决。

迎接新校长，招第一届新生

在招聘教师的同时，深圳市委市政府非常重视聘任校长的工作，多次派人到北京与教育部联系。经教育部推荐，并同有关高校协商，征得广东省委有关领导同意，聘请中国科学院院士、有英国牛津大学博士学位的著名专家、清华大学副校长张维教授兼任深圳大学第一任校长；清华大学党委副书记罗征启同志调任深圳大学党委书记兼常务副校长；聘任中国人民大学经济学专家方生教授为深圳大学副校长。深大新领导和几位从北京调来深大工作的同志一行，从北京来上任时，因交通不方便，在广州住了一晚。当晚由省高教局安排，省有关领导出面，在广州泮溪酒家设晚宴款待张维教授一行。当时我正好在广州参加省高教局召开的会议，省高教局的同志通知我参加这次晚宴。有幸我成为深大筹委办工作人员第一人迎接深大新领导。

此外，还决定深大筹委会办公室副主任杨伊白同志任深大副校长，开学后半年左右又调来在英国牛津大学留过学的暨南大学副校长李天庆教授任深大副校长。李副校长在深大退休后，被澳门大学聘任为副校长，随后又聘任为校长。

新校长到任后，接着就是招生工作。首先派人到香港宣传招生，争取在香港招收一部分学生，同时邀请了广东省各重点中学的领导来深开座谈会，介绍深大的情况，决定在各重点中学招收部分免试保送生，每家重点中学分配一定的名额。各重点中学的领导都很重视，动员学生报考深大。根据各重点中学推荐的保送生名单，经深大审核符合条件的发了录取通知书，这批保送生比正常招生录取的新生提前一个月报到。我们先组织他们学习英语，并熟悉学校的情况，等其他新生报到时，这批保送生就成了"老同学"，负责接待新同学。

深圳大学是特区大学，招生很有吸引力，报考深大的人很多，显得很热门。我也参加了第一年的招生录取工作。许多优秀的学生第一志愿都选择了深大。如华师附中的一位女生，高考成绩全省总分第四名，她第一志愿报的是深大建筑系，我们录取她到建筑系学习，毕业后安排在深圳市建筑设计院工作。

有了教师，有了校长，招了新生，还是没有校舍，怎么办公？怎么上课？市政府决定把原宝安县委办公的地方给深大临时办公和作为临时学生宿舍，借电视大学的教室作为第一届新生上课的临时教室。1984年春节后年初四，深大新校舍开工建设。到8月份，A、B、C、D四座教学楼和图书馆、办公大楼、学生宿舍、饭堂落成。1984年9月在新校址举行了第二届新生入学及新校舍落成典礼。

教学改革

深圳大学办成什么特色，培养什么样的人，是个首要问题。如何制定新的教学方案，如何改革旧教育制度，是值得研究的课题。学校有领导提出，我们要创新，凡是过去17年做的，凡是内地大学做的，我们都要全部改过来。有的同志（包括我）还不完全理解，觉得过去17年和内地大学做的虽然思想教育模式和教育方法要从根本上改，但具体做法还可以总结一定的经验教训，在认识上不完全一致，但工作上大家却在校长的领导和指导下认真负责。教务处首先制定教学改革方案和实行学分制的方案，这两个方案由我执笔起草第一稿，经征求各方意见，反复修改，由校长核准执行。

在对学生的培养目标方面，强调要拓宽知识面，加强外语教学，加强实践性教学环节。培养学生实践动手能力，在课程设计上加强公共课和涉外课程的教学，文理科学生都开设大学语文课，提倡学生选课要多选一些对未来工作有好处个人又有兴趣的课程；加强外语教学，在公共英语课中开设精读、泛读和口语课。口语课的教学又使用了先进的语言教学设备，课时安排上，一、二年级增加英语课的教学时数，这样做教学效果比较好，学生通过两年的学习，一般都能达到本科毕业水平，有不少人达到六级水平（即硕士研究生毕业水平）；加强实践性教学，培养和锻炼学生的实际工作能力。对全日制学生提倡勤工俭学，学生在假期或上课时每周抽两个单元时间（两个下午或两个晚上）参加力所能及的体力劳动或与专业有关联的脑力劳动，如到服务行业、企业、事业单位或行

课程类别 适用年级、专业	课程名称	任课教师	课程类别 适用年级、专业	课程名称	任课教师
88管理专科	外贸实务	冯贵棠	88化学	无机分析化学(2)	陈志行
	人事管理	韩益		无机分析化学实验(2)	陈蓉、杜有辉
87财会、电子账、公关、图文专科	英语(2)	李德夫、单先辉、深教员等	88化学	有机化学(2)	李光亚
88经济系、管理、中文、家电专科	英语(4)	伍广益、郑明霞、罗凤荣		有机化学实验(1)	连艳
88外贸专科	统计学	吕华		物理化学(1)	李於明
	外国经济史	姚凯		物理化学实验(1)	吴爽光
	dBASE语言	余邵		计算机在化学中应用	周万龙
	国际贸易	贵伯复	87化学	食品化学	蕭一涛
	英语精读(2)	刘学敏		食品分析	胡萍
	英语泛读(2)	黄门庭		仪器分析	刘剑鹰
	英语听说(2)	王凤坤		仪器分析实验	高一兵
	英语口语	Asdrew		高分子物理	王庆国
88公关专科	特区经济法	李忠武		高分子物理实验	叶之文
88级	篮球专项	吴鹏		食品工程	周万龙
	排球专项	东方和、仲连武		食品工程实验	张宇钦
	足球专项	闵小莉		分离工程	承文长
	鱼球专项	谭庆杰、余正知		化工技术经济与管理	吴爽光
	健身专项	倪幼新		专业英语	葛继铭
	健美专项	张运鲁	86化学	化工情报与文献	王庆国等
	保健专项	鄢和平	全校	人生观教育	帆饮基等
	体育锻炼	王爱芝等	88级	哲学	全马骈、徐明等
88公关专科	公共关系学	余明阳	88级	中国社会主义建设	叶楷文、宋长垣
88公关专科	社会学	欧阳康	全校	音乐概论(下)	翟至晖
88公关专科	心理学	欧阳康		音乐史(下)	翟至晖
	公关应用写作	吴予敏	87本科	知识分子与中国现代化	尼梅丽
	文化学	郭纪金	89软科学	数学分析(2)	冯德坤
	市场营销	许昌		线性代数	黄金生
88、89公关专科	谈判艺术	许昌	88软科学	概率论与数理统计	林祥都
88公关专科	媒介学	欧阳康	87软科学	计算方法	林广明
88公关专科	专业公关	余明阳		最优化方法	廖可人
87、88化学	英语口语	Deirdre		系统工程	王复兴

150

深圳大学课程表

（节选自《深圳大学1986年年报》）

政机关单位里去参加工作，在校内也安排了许多学生到各部门去做服务工作或"小秘书"工作。

深圳大学实习(社会调查)实施办法

一、实习(社会调查)是让学生接触社会、联系实际、学习专业知识，培养学生独立自主精神和实际工作能力的重要环节；是每个学生学习过程中的必修科目，也是学生顺利渡过的环节。按要求制定，本科学生必修三次实习。每次实习的要求由三大纲阐明，每次实习均要分段进行，才准予毕业。实习安排应在标准暑假期间进行，每次实习时间为四～六周。一般从二年级学习结束后开始实习。实习应选择，原则上至少有一次在深圳，并至少有一次在内地(特别是珠江三角洲地区)安排。

二、全校实习由主管教学的校长领导工作，由教务处负责统筹组织。各系有一位副系主任负责领导本系实习工作，由系主任(副主任)组派实习指导教师成立立实习指导小组，指定实习指导小组组长。各年级实习指导小组负责拟定实习大纲，确定实习应达到的基本要求，通过调查研究、选择解决实习地点指导学生实习，处理实习中的问题。每次实习开始前，由系主任召开学生大会进行动员，并发给每个学生有关的文件、资料(如学生实习大纲、学生联系实习介绍信、实习实习合同一式三份，学生实习情况登记表等)，宜布实习有关组织，对学生提出明确要求。

三、按计划安排到内地实习的，原则上由学生自行联系实习单位。学生可以持学校介绍信或个人自行联系的有关单位去联系实习。实习合同(明确每次实习时间、工作岗位、应遵守事项、有无报酬、住宿条件等问题)，合同一式三份。一份自留，一份交实习单位，一份交系签订实习合同。由学校发给学生本人不超过六周的，由学校至实习单位的往返交通费，超过六周的按六周发给，发给一天往返交通费。实习指导教师应在选择实习单位、签订实习合同、开展各项实习活动诸方面对学生进行指导。

四、按计划安排到内地实习的，无论学生自行联系或系派教师协助联系，都必须根据实习要求确定实习地点，落实实习单位及食宿安排。有三人以上到一个地区就毕业实习，应组成实习队(组)，由系指定实习队(组)长。对赴内地实习学生要特别加强调查虚谨慎、遵纪守法、注意安全。赴内地实习学生由学校负责支付由学校至实习地点的往返旅费(按火车硬座发给)，途中补助(每人每天1.5元)，实习期间的住宿费及住勤补助，在包干经费允许的条件下，可按如下标准计算：住宿费每人每天不超过2.50元。住勤补贴每人每天属一类地区0.83元，属二类地区1.00元，属三类地区1.67元。如住地离实习单位较远距离要乘车，由住勤实习单位的市内交通费(购买汽票月票或按当日不超过0.5元标准，由实习队(组)长核实发给)。其余费用(如邮电、杂费等)由实习队(组)长掌握，在各系下有实习经费中据实报销。教师带学生赴内地实习，属教学出

差，由财务组按现行出差经费包干办法处理。教师因实习而减少暑假应休的天数，由系核实，报人事处和教务处，按加班处理。

五、为进一步改革旧的实习办法中"抱着走"、"包得多"的不合理的部份，为多方面创造条件，培养学生独立工作的能力，扭好发展人才，因材施教，鼓励学生在满足实习要求的前提下，自行联系实习单位，两地实习点。学生自行联系实习单位进行实习时，要写书面申请，并提供接受实习单位的证明，件，经导师审核同意，由系主任批准。学生申请，可以在实习开始前提出，亦可在实习中间提出。实习中间经导师批准改换实习单位的学生大到实习天数部份才准许。经批准的自行联系实习点的学生，由学校发给该学生的实习天数的补贴；实习完毕，学生自愿组织据或建准启程回校。学生自愿组织据点并经批准改变实习地点的可以发给内地至实习地点往返旅费及途中补助费。对学生自行联系的实习解决，予以支持，可发给由内地实习地至学校的旅费和途中补助费。经过扩大社会见习的实践应给予支持，可发给由内地实习地至学校的旅费和途中补助费。经过扩大社会见习的实践应给予支持，可发给由内地实习地至学校的旅费和途中补助费。如在导师指导下，学生可以调整实习次数(即实习次数或减少到两次)，但可以在内地实习或变在新科实习)，也可以在深圳实习改为赴内地实习(即在内地实习变在新科实习)，也可以的要求；应在深圳实习改为赴内地实习(即在内地实习变在新科实习)，也可以两次实习，并符合明确的实习要求)及阐明毕业的合格。任何学生基础在开学前三天向校方提请准。某届学生本身自愿在大地实习与本科的工作需完成大部工作任务，第二次实习大纲明的实习要求)及阐明毕业的合格。任何学生基础在开学前三天向校方提请准。某届学生在一单位或经学校指定，等除实习、系主任批准，可的情况少实习时间，根据少实习时间最长不符超过该次实习时间的二分之一。

六、港、澳学生可以申请出差香港、澳门有关单位实习取代内地和深圳的两次实习，每次申请时，应写书面申请说明理由，并附实习单位同接受实习的信函，经系主任批准。

七、学生参加实习(社会调查)都应与接受实习单位签订实习合同(集体外出实习)，选实习单位或统一签一份存者，由学生本人在实习情况登记表上进行自我鉴定，选实习单位负责人签署意见加盖公章，并采本地实习后总结，连同实习鉴定表送交导师(指导教师)审核通过后，送系存档。每个学生有三次实习情况登记表，且均审核通过，才可以毕业。

八、本实施办法未尽事宜由教务处负责解释。

教 务 处
一九八六年七月

《深圳大学实习（社会调查）实施办法》

实行学分制，调动学生的学习积极性和主动性。每门课程根据上课时数和复习的必要时数以及课程的难易程度来确定学分的多少。每个专业把课程分为三类：必修课、限制性选修课和任选课。对每类课程应修多少学分也做了规范。学生学习一年后可以申请转专业，但所转入的专业也必须修满各类学分才可以毕业。学生只要修满学分就可以提前毕业。到毕业年限未修满学分也可以先参加工作，边工作边上课，修满学分就可以发毕业证书。学生可以选一个辅修毕业，修满辅修专业的学分在毕业证书上写明其辅修专业的名称，选择就业面就比较宽。采取这些措施能鼓励和推动学生的学习积极性和主动性。深大实行学分制在全国是比较早的高校之一，1985 年教育部高教一司在哈尔滨召开了全国首

次学分制研讨会。当时实行学分制的高校还不是很多，到会的学校代表约 30 所，学校派我参加了这次会议，各兄弟院校对深大实行学分制的做法很感兴趣。上海交通大学的教务处处长看了深大提供的交流材料和听了我的发言，对我说："你们深圳大学实行学分制不但先行一步，而且对学分制问题的研究也比较深。"

实行聘用合同制，调动教师的积极性。具体做法是系正副主任、正副教授和校长签合同；讲师及以下级别的教师和系主任签合同。新来的教师先试用三个月，三个月后双方满意就签合同。合同期为两年，两年期满后双方同意便继续签合同，如果有一方不满意就不再签合同，教师就可以自己选择到校内外其他单位工作。实行合同制对调动双方的积极性有好处。对教师来说要想继续在这个单位工作，必须要求上进，做好工作；对领导来说，想要留住你所需要的教师，就必须关心、善待教师。在教学上我们

深圳大学学生学籍管理办法

为贯彻党的教育方针，执行国家教育委员会有关规定，使学生在德、智、体诸方面全面发展，更多、更快地培养适合经济特区发展需要的建设人才，根据本校具体情况，特制定学生学籍管理办法。

一、注 册

1．凡被本校正式录取的新生，应在规定日期内凭本校《录取通知书》来校报到，办理注册手续，才能取得学籍。如有特殊原因不能按期报到者，需要有关证明，参函请假，由教务处审批。假期一般不得超过两周。未经请假逾期报到者以矿课论，超过两周者，取消学籍。

2．新生入学要被病复查，不合格者不能注册。若所患疾病经本校指定医疗单位治诊断，在一年内可以治愈，达到新生健康检查标准的，经本人申请，教务处批准，可保留入学资格一年，回家疗养。保留入学资格的新生，一年期满后，经本人上医以及开证明后患者，凭于开学前一月内诊断证明来交教务处，经同意来校复查，合格者可办理入学手续。保留入学资格的新生取得新生入学或健康复查不合格者则按取消入学资格。

3．新生注册时，若查明有不符合招生条件或用不正当手段入学者，学校可视情节严重程度作出不同处理，直至取消其学籍，并将退回原籍或原单位。

4．学生应在每学期开学前三天向系主任销假，持学生证到系报到，才能取得本学期学习选课资格。因故不能按规定日期注销者，要向系请假，无故不到请假准者，作矿课处理。

二、转系、转学

1．本校新生按系录取。学生入学分专业学习。各系自行决定从二年级某学期开始确定专业。学生于第二学期末向系主任提出申请，填报确定一个主修专业，选定一个副修专业，确定主修专业后一年内，可申请改变主修专业，改变主修专业须经系征得经导师同意，系主任批准。

2．学生电可申请转系，条件有：1）学生转系后更能调动学习积极性并充分发挥其学习潜力；2）学生患有某种疾病、生理缺陷或其它原因不能在原某专业学习，但尚能在另一专业学习，转系必须履行下列手续。

（1）学生本人填写申请表，申请转系理由；

（2）转出系审核认可，经系主任同意转系；

（3）由转入系进行考核，合格后，由系主任签署意见同意接收，连同本人申请，考核结果报送教务处，审批。

3．新生入学因健康原因要转系的可在第一学年办理；一般学生转系在第一学年的期末办理。学生以改变主修专业或意愿在原系办理。学生转系的专业可应已修读的补修课程，并取得学分。

4．有其它特殊原因确实需要转学的学生按国家教育委员会规定办理，凡转入本校的学生必须将转出学校证明并经过转入系和教务处审核，符合条件，通过转学考试，成绩合格并经主管部长批准后方才可能就业。

三、业务学习

1．本校实行学分制。各专业教学计划由各系制订，经主管校长批准后执行。本科学生在校期间应修满的学分数由指导性教学计划规定，一般为 450～480 学分，其中包括副修专业 45～70 学分。学生修读的课程分为必修课、限制选修课、任意选修课三类；各类课程所占学分和具体要求、各门课程所占学分、开课学期和考核方式为由指导性教学计划规定。

每学期近不晚在结束前第八周，教务处根据本科、成人教育、干工半读专科等各类指导性教学计划规定的必修课、限制选修课、任选课填发《教学任务通知书》，向各系下达下学期教学任务。

各系系主任或教学组长根据新教学任务通知书，在两周内做好安排、分配教学任务，确定任课教师。

任课教师要填写《教学日历》及《课程简介表》各一式三份，于学期结束前四周提前，一份自留，一份送系，一份送教务处作为排课依据。

开学前两周教务处及系主任要将本学期下一学期内全部课程的名称、周学时、学分数、考核方式、任课教师姓名、与班可能安排生人数，编印成学生选课一览公布上课时间表，供学生选读。同类课程，学生可以选择教师，教师亦可根据条件选择接受学生。

（1）学生选课

学生应在每学期开学前三天办理注册学习手续，进行选课。未经选课手续，不得听和加退课听课。不能实得导师指导下选课。学习期间任选课难要导师指导下选课，学期课生进选修分学分不足，不足超过 64。

（2）学生选课除本专业必修课及限制选修课外，在教室可以容纳时间不冲突的条件下，任选本系及外系有关课程，必选须同班必选超过所规定的选课表填写制度，依据先修课要求。

（3）学生选课须填写《选课表》两张，经导师审查签字后，一张送系保存，一张送教务处注册确定，学生可用选导门课程根据要求填《选课》两张送系及教务处，作为学习成绩考核依据。

（4）改选、补选及退选，开课两周内，经导师同意及系主任批准学生可以改选、补选须经选修课程，届时要填写《选课改选表》两张送系及教务处，改选的每门课程要填写

54   55

《选课卡》进任课教师；

（5）开课两周后一般不再办理改选、补选、退选手续，教务处根据选课人数调整上课教室，并张榜公布选课学生名单后方准予上课，同时打出成绩登记表分送有关任课教室。

2、学习纪律

学生应自觉遵守学习纪律。学生选课（包括任选课），必须参加听课、辅导、实验。学生无故不得旷课、不得迟到、早退；穿短裤、背背心、拖鞋进入教室，不能迟到、早退，不得无故旷课，迟到五分钟以上者不得进入教室，无故早退、缺度过课。

学生无故不交作业、实验报告等达三分之一以上者，不给平时成绩。不参加教学实习、不参加指定的集会、义务劳动者扣课时；对于集中的实习、设计（论文）、劳动等，学生无故不参加，不给学分。

旷修选课程按时按规定入学分数，已计上奖学金者，一学期旷课达20学时以上者，取消下学期参加评议奖学金资格；一学期旷课达30学时以上者给予记过处分，一学期累计旷课达50学时以上的学生应予退学。

学生请假6以内向本系主任请假。二日至六日由系主任请假，一周以上的课程须经教务处批准。学生一学期请假累计不得超过六周，超过六周者本学期不得参加考试，不能予留学。

3、成绩考核

（1）各课程根据需要可进行期中期测、测验成绩和平时作业均计入平时成绩，平时成绩占30%，期末考试成绩占70%，期末部分成绩达60分以上为及格，即可获得该课程的学分。对于实践性、知识性的非主干课程可规定为考查课程，这类课程不另行考试。

（2）为便于评定学生的学习质量，配合学分制实行学习成绩加权平均法。

教师成绩统一采用百分制。

教师于期末考试后一周内将学生总成绩记入学生成绩表内，送交系（部）审核签字并存档备查，由教务处使用电脑进行统计和登分。未办理退学手续学生自行参加考试的成绩无效。

（3）每门课程的学分成绩为该门课程的学分数与学期成绩之乘积。学生一学期内的成绩总分为该学期内所选修全部考试课程（包括任选课）学分成绩之和。

学期平均成绩为学期总分学分成绩除以所选考试课程的学分总和。

$$学期平均成绩 = \sum 课程学分(i) \times 成绩(i) / \sum 课程学分(i)$$

与学期结束时，由电脑计算出每个学生的加权平均成绩。学期结束后，考试课程的平均成绩在90分以上者，可评为学习优秀生，在全校

56

（4）有特殊原因，经本人申请或学校认为必须休学者。学生休学要经系主任批准，报教务处备案。

2、学生休学以一年为期限，因园病须经过批准不连续休学两年，学生在校期间休学累计不得超过两年。

3、学生休学以外手续后一周内两校国家折供，户口不迁出学校，国家批退路费自理，学期间第一年享受公费医疗，可在当地公立医院就医，并享受乘车船校长就医，连续病休第二年停止公费医疗。

4、休学期满，应于开学前两周向所在系办理复学手续，因病休学学生须有县以上医院证明已恢复健康，经复查合格才可办复学手续，休学期满而不能复学者应办理手续继续休学，逾二年不能复学者，予以退学。

5、复学的学生申请免修原年级所学课程补考，补考及格可取得学分。

七、退学

学生有下列情形之一者，应予退学：

（1）连续两个学期的退学的学生；
（2）一学期旷课累计达50学时者；
（3）休学期满未办理复学手续或病休体连续超过两年者；
（4）经指定医院诊断有精神病、癫痫、麻疯、恶性病或意外伤残不能坚持学习者；
（5）在校学习期间自愿放弃以及未办作等，有关男女生任何一方为本校学生者。

2、对退学学生，学校应给予证明，并发给学历证明，以证明其学历学习成绩（医学院长出身出若途者述取得成绩）。

3、退学学生于办理手续后一周内离校，需费自理，原为职工的退籍原单位安排，其它来源的学生由家长或监养人领回并办理住宅迁出户，退学的学生不再申请复学。

八、奖励与处分

1、德、智、体全面发展成在思想品德、学业成绩、锻炼身体等方面成突出达到规定条件的学生。可以评为三好生，可以获得一、二、三等奖学金或单项奖等精神鼓励和物质奖励。

在校学习期间学业优的学生毕业生可评为优秀毕业生，优秀毕业生名单由系主任提出，报校批准。

2、对犯有各种错误的学生，学校可以根据结合给予批评教育或纪律处分。对学生的处分有下列六种：

（1）警告；（2）严重警告；（3）记过；（4）留校察看；（5）勒令退学；（6）开除学籍。

3、对犯有错误的学生处理前应作思想教育，处理时要经终两次讨论，实事求是，持调严肃态度，处分要适当。处理前经过同本人见面，允许本人申辩、申诉，如申诉有理，对本人申诉学校有责任复查。

58

公布名单，予以表扬，并作为评定奖学金的优先条件。

五年总平均成绩在90分以上者，可作为取得优秀毕业生智育方面的标准。

（5）考查课程免修以在次考试一周前评定。考查课程只记学分不记学年成绩，其成绩不计入学期平均成绩之内。

须要进行期中期测一般在第八至十周进行。

期末考试于考前周由各系提出课程考试安排要求，由教务处核定考试日程表，考前两周公布。

四、课程免修

1、除社会学基础课、体育、实验、大作业、生产实习或社会实践、毕业论文等实践性环节外，其它课程，学生均可申请免修。

2、学生申请免修课程按下列程序办理：

（1）开学前两周，学生向系申请免修课程并提供材料，说明自己已达到该课程要求，经审核认可。

（2）学生正式填写《免修考试申请表》经系主任签字同意选选任课教师，参加免修考试；

（3）免修考试在开学后两周内进行。考试后，任课教师将免修考试成绩记入学生《免修考试成绩表》内，成绩以考试为准。

3、学生免修考试成绩75分以上者，允许免修，并取得该课程学分。

4、学生通过免修考试后，还可补修其它课程，但本学期不能再申请参加加其它课程免修考试。

五、补考和试读

1、学生考查考不及格，补考后及格必须取得该课程学分才能补考。限制性选择科目旷日内不及格，可以重修，也可另选新一样的其它课程代替，但须取得该课程规定考的学分数后，才能毕业，如任选课每门不及格，也可另选其它课程代替，也可放弃原有学分；只要够修任选课程学分就不要补考；不及格任选课不修学分，但只放弃那门课程的学分，并不影响毕业。

2、补考时间定于开学第二周内进行。补考只有一次；补考成绩记入学业成绩登记表时，60~70分的登记70分，超过70分的期间10分记之。补考成绩不能作为评定学生学习优秀生的资料。

3、经补考后旷修旷点所选课程（包括任选课程）总学分三分之一以上学分的课程不及格者，应为试读生，也不予试读，并不及格课程可以重修。如连续两个学期成为试读生的学生，应取消试读资格，予以退学。

六、休学与复学

1、有下列情况之一的学生应予休学：

（1）因病停修治疗、休养或其它原因请假累计超过六周以上者；

57

对本人申诉学校有责任复查。

5、留校察看期限一般为一年。受留校察看处分的学生一年内有显著进步表现的可恢复留校资格；经教育不改的可期令退学或除学籍。对勒令退学的学生应给予学历证明，对开除学籍的学生给予学籍处分的证明；对勒令退学或开除学籍的学生的善后问题，按照退学同有关规定处理。

九、毕业

1、本校学制为五年。五年内修满下列三个条件者，准予毕业并授予学士学位：

（1）按各指导性教学计划规定取得主修专业全部必修课及限制性选修课学分并修满辅修专业规定的学分；（2）完成并通过教学计划规定的三次生产实习或成绩全面合格；（3）完成毕业论文或毕业设计并通过答辩。学生即达到以上要求，可予毕业证书。

2、学生在五年内不满足上述三个条件，可以延迟毕业；但最多不得超过七年；对超过七年仍未满五上述条件者，不能在校继续学习，也不予于学士学位，只发给结业证书。学生在休学期间不计入在七年之内。

3、授予学生毕业证书及学位证书均应在在学年结束时进行。

十、附则

1、本办法未尽事项按国家教员员会，省高教局有关规定执行。

2、本办法原则上适用于文科考试、考试等，理科、专工等等科学类考工学即管理。

3、对本办法的解释由教务处负责，对其修改与补充由教务处提请主管校长审批。

深圳大学教务处

一九八五年十一月十五日修订

深圳大学实习(社会调查)实施办法

一、实习（社会调查）是让学生接触社会、联系实际、学习专业实际知识，培养体验立自主精神和实际工作能力的重要环节。是每个学生学习过程中的必修课。也是学生通过毕业的实习。按教学计划规定，本科学生必须完成这三次实习，每次实习的要求由实习大纲说明，每次实习均需考核合格，方准予毕业。实习安排应在每年寒暑假期间进行，

59

《深圳大学学生学籍管理办法》

也实行教师和学生双向选择的做法。例如公共英语课、公共政治理论课、理工类的数学课等，同一门课程有好几个系的学生共同选修。根据选修人数，确定派出多少位老师分别在不同教室上课。第一周学生可以自由选择听某一位老师的课。第二周开始才选定课程，这叫学生选老师。老师也可以选学生，如果老师发现某位学生不认真听课或经常迟到缺课等，老师也可以不批准这样的学生选他的课。这样的做法对老师有一定的压力，上不好课，选他课的学生就少。老师要上好课吸引学生，就必须不断更新教学内容，改进教学方法。当时深大还实行导师制，导师和学生也是双向选择，学生可以选某位老师当导师，导师可以指导若干位学生。如果发现某位学生不好或不接受指导，导师可以拒绝担任这位学生的导师。导师制对学生有指导作用，如指导学生选好课，克服困难求上进。对老师也有促进作用，要当好导师，就必须不断更新知识，不断提高思想，改进作风，行为要为人师表。

教学改革工作是多方面的，而且是一个不断修正的过程，任何一种改革都要受时间和空间的制约。在某一个时候，在某一所学校，某种改革是好的，在另一个时候，另一个地方，这种改革不一定好。1984年底省高教局召开了一次全省高校教学改革讨论会，深大李天庆副校长带领我和另一位教师代表参加了这次会议。李副校长作大会发言，介绍深大的教改情况，我执笔写了一份交流材料。各兄弟院校的代表对深大的教学改革经验都给予很高的评价。省高教局张承达处长当着很多高校代表的面问："江柏桂，深大那份材料是不是你写的？"我答："是，有什么不妥吗？"他又说："我猜就是你写的，你参与到其中，你来写才能写得那么具体真实。以前我看过好多人写过深大的教学改革，但都没有真正总结出来，这次你总结得很确切。"这份材料刊被收录在广东省高等院校《教学改革讨论会材料汇编》。

深大师院的成立

随着社会和经济的发展，深圳师专培养大专师范生不能适应社会的需求。1993 年初深圳市政府决定撤销深圳师专和深圳教育学院，并报省政府审批。同时，深圳市委又将深圳师专党委书记兼校长调离深圳师专（经省委批准），但是关于撤销师专的决定又没有向深圳师专宣布，只是市教育局在中学校长会上讲了市政府关于撤销师专的决定。师专的干部和教师得知这一消息，不知自己何去何从，一时人心浮动。当时上级又没有派人来接替深圳师专党委书记和校长的工作，只是由我临时主持师专的党政全面领导工作。我找市有关领导问了撤销深圳师专后教职工怎么安排，学生怎么安排？市有关领导说，等省政府批准后自然会有安排。我去找了省教育厅主管师范教育的副厅长打听，她对我说省教育厅不同意撤销深圳教育学院，并向省政府报告了省教育厅的意见。我又去找了省高教局局长许学强打听，他说省高教局领导看了省政府转来的深圳市政府的报告，省高教局领导认为深圳师专要撤销必须研究好教职工和学生的安排，没有可行性的安排，深圳师专是不能撤销的，他说省有关领导也是这个意见。我们听了这些意见，觉得很难办。市有关部门又提出深圳师专不能提干（提升干部职务），有些系处的领导退了休或调走了无法补充，同时又压缩了办学经费，房子破了无钱维修，设备无法补充。于是我就组织召开了师专的中层干部会，让大家研究怎么办。当时我提出把师专并入深大，在深大成立师范学院，大家都说这方案可行。我们找了深大校领导，校长蔡德麟和另两位副校长都表示同意。我们又去找省教育厅和省高教局的领导说了师专和深大领导的意见。省教育厅和省高教局的领导都表示同意我们提出的方案，要深圳市政府另写报告给省政府审批。我回来后马上向市有关领导汇报了各方的意见，市有关领导决定召开办公会研究这个问题。我列席参加了市政府的办公会，经过几次会议的研究和协商，终于决定把深圳师专并入深圳大学，成立深大师范学院，并于1994年5月向省政府写了报告，省政府在同年9月就下文批准深圳师专并入深圳大学，成立深圳大学师范学院，撤销深圳师专建制，保留深圳教育学院。

在深圳大学和深圳师专给市政府的报告中，提出深大师范学院的行政级别为深圳师专的行政级别（市正局级），但市有关领导认为深大其他学院是正处级，如果师院是正局级，学院之间会差别过大，于是决定深大师范学院为副局级，并由市编制委员会下文确定。

省政府下文后，深圳师专并入深大。成立师范学院有很多工作要做，这时我已经到了退休年龄，不可以担任新的职务，只能

1995 年 6 月，深圳师专并入深圳大学成立师范学院

协助做一些过渡性的工作。1995 年 11 月市委组织部批准我办了退休手续。退休后深大师院聘我当了一年顾问。

《关于深圳师专并入深圳大学有关问题的函》

采 访 后 记

2019 年 4 月，我们来到江柏桂老师家中进行采访。江老师对生活永远怀有热爱之情。在采访过程中，我们参加了江老师的书房，他为我们展示了闲暇之时手抄的一本本经典古书，并现场为我们题字。在我们的强烈要求下，他还开心地为我们表演了一段手鼓。

江老师对深圳大学的热爱之情也溢于言表。他说："我调来深圳最初是在深大，后来又到其他单位工作，到退休时又回到深大，说明我离不开深大，深大是我的家。所以我对深大的每幢房子，对深大各位老同事，对深大全体教职工和学生（认识的或者不认识的）都深感亲切。同时，我和众多同事的关系都很好，到现在有很多老同事（或者说很多老部下）一见面对我都很热情地打招呼，还有很多人称赞我。不久前有几位在师专工作时的系处领导主动约我到酒楼饮茶聊天，他们对我说：'工作几十年，在高校与很多校领导都有过工作关系，但我们都认为江院长是比较好的领导。'我自认为我的工作远没有做好，但同事们现在还对我那么热情，我很欣慰。"

回忆起过去，他脸上总是带着笑容，言语间是抑制不住的激动，为我们将深大过去的创新成就娓娓道来。改革的历程大多数是艰辛的，早期建设者苦心经营，才成就了深圳大学，一项又一项的创新成就凝聚着建设者的心血与智慧，深圳大学终于破茧成蝶，羽翼渐丰。

平凡真情永不变

"假如你是一支蜡烛，千万不要放在太阳光底下，那是无济于事的。你应该把它放在暗室里头，把整个暗室照亮。"*

---

* 李向程，1934 年生，广东梅县人。1957 年于北京大学核物理专业毕业后，在中山大学物理系任教，并兼任校团委及基层党政工作。1983 年 6 月调入深圳大学，参与筹建工作，系深圳大学第一批筹备委员会教务组成员之一。曾任电教教育中心主任、应用物理系党总支书记。1995 年退休，曾任深圳大学离退休党委宣传委员、关工委委员，编写了《情怀深大》一书。

与深大结缘

我是李向程，1983 年 6 月 6 日来到深大。我要感谢档案馆的同志，邀请我来这里口述深大的校史，谈一谈我在深大期间做的一些小事。首先我要讲的是，我和深大是怎么结缘的。为了说明这个问题，我得讲一讲我在中山大学期间的一些简单经历。

1956 年，我们国家要大力发展原子能事业，从全国的重点大学抽调了差不多 300 个三年级的学生到北京大学。当时北京大学有个物理研究室，是保密单位，对外是讲"546"。"546"信箱①是在中关村一栋楼里由解放军把守的，所以不在校园里学习。我从中大被调过去后在那里学习了一年，本来听说要修两年，因为"反右"，1957 年就毕业了。恰逢中山大学要办核物理专业，很多综合大学都办这个专业，组织就把我调回了中大。也许当时考虑的条件有两个，一是我是党员，二是我是贫农出身，所以 1957 年国庆节左右，我又回到了中山大学。

到中山大学后，我参加了一些教学活动。那时候，"反右"刚结束，国家对知识分子的要求提高了。1958 年的春节前，中山大学 250 名职工，从教授到实验员、助教，都下放到广东省高明县，叫作"工农结合"②。我在那里当了五个月的农民。农民干

---

① "546 信箱"：朝鲜战争结束后，为了打破美国的核讹诈，中共中央决定造出中国自己的原子弹。为此，中央在北京大学、复旦大学等高校挑选了一批人才，并在北京大学集中组建了一个绝密的、代号为"546 信箱"的培训班。

② "工农结合"：即知识分子与工人、农民相结合的指导方针，是中国革命根据地和中华人民共和国成立以后的教育原则。由毛泽东首先提倡。他一贯认为工人农民占中国人口的百分之九十，是人民群众的主体。"革命的或不革命的或反革命的知识分子的最后的分界，看其是否愿意并且实行和工农民众相结合。"

什么我们都干，我本来就是从农村出来的，所以我比较适应。6月份的时候，评选下放干部积极分子，中山大学评了三个，有教授有讲师，其中一个是我。8月份，我接到学校的通知，要我马上到北京认真学习。1959年，我开始做筹办中大核物理专业的准备工作。和深大初创时一样，那时候的核物理专业也是一张白纸，因为原来没有这个专业。到60年代就开始招生，培养了4届学生，但是好景不长，因为中苏关系恶化，所以就停办了。全国当时只保留了几家大学的核物理专业，清华、北大、南开、复旦等，其他都叫"缓办"。从1966年"文化大革命"一直到1983年我离开的时候，核物理专业都没有复办。在此期间，我们就做了很多其他方面的工作，主讲化学系、大学物理、放射化学专业的核物理导论，还有团委工作，还在省科学大会评审论文等。后来中山大学又组织了"社会主义大学应该怎么办？"的研究组，我在那里工作了一年时间。

从1973年开始，中山大学恢复上课。原有的16位核物理专业的教师、教职工，一方面坚持科学研究，一方面办放射性测量与应用培训班，我也在那里讲课。我负责物理系工会兼任副主席的工作，当了差不多10年的支部书记。当时取消了职称，中山大学1956届毕业的、留校的或者是外校来的，全都没有升职称。像我就当了21年的助教，到了1978年才恢复职称评审，当上了讲师，那时我已经45岁了。如果按照原来的职称，早就能评上副教授或者是教授了。但是按照新的规定，我要5年后才能申报副教授，所以当时我就有个想法——跳槽。中山大学那么多老助教评讲师，就像灌木丛里面的树木一样，不移植是长不大的。1983年4月，我在路上碰见第一批来深大的几个教师，于是我就决定争取到深大，得到省高教局局长李修宏的大力支持，7 天后就说定了，让我来深大。

筹办语言设备室

来深大以前，原来是说我可能到教务处，来到后就说我要负责筹建电教中心。也许是因为我是物理教师，比较适合电教方面的工作，所以从我 6 月 6 日到深大开始，就负责电教中心的组建工作。当时的条件就像一张白纸，什么都没有，连校址都没有了，就临时在宝安县政府的一个破房子里头办公。开始的两个多月，都是我一个人跑到广州的大学，去联系订货的清单等。一直到 8 月中旬，才有几个同事过来帮忙。因为没有教室，就在电视大学（上课）。当时是准备（电视大学）建好后，四层楼给我们深圳大学第一届学生开校用的。结果这 4 个月的时间还是赶得非常的紧，工程几乎到了 8 月底还没有完全建好。一直到 9 月 12 日，我们才拿到第一层楼的钥匙。

当时由于深圳大学处于紧张的筹备阶段，许多专业老师还未到位，因此深圳大学首先开设语言相关类的课程，于是语言设备室的设备采购成了当时最重要也是最亟须解决的问题。我了解到国家在广州物资站①订购了几台相关的设备，当机立断就去咨询能不能先给我们一台，8 月份我们就把这套重要的设备拿回来了，我一直都非常感激那位杨科长。那套设备，三大箱，2 吨重，到现在还在用呢。高教局又派了管设备的邹定先同志陪我们

---

① 物资站：当时政府设置的一个机构，其主要职能是：贯彻执行国家物资管理方针政策，对全省物资资源、计划、物价、市场、企业管理等履行管理职能。

到香港采购设备，因为当时我们是不能随便到香港的。然后通过深圳深业公司又采购了一些，后来设备就齐全了。可以说我在设备购买这事上省了好多钱。一个是，如果我直接向国家物资站（广州物资站）购买的话要比原价多5万元。但是在深圳进口呢，特区是可以免税的，那我就说，你先借一套给我，然后我再还一套给你。他同意了，后来我在深圳进了一台，还给了他们，省下的5万元又完成了重要设备采购任务。

设备的问题搞定了，但还存在设备安装的问题。当时仅有一个多礼拜留给我们去安装调试，但是大部分人都对此一窍不通。我想请香港的师傅来安装，那边说要1万块钱。当时我们没有钱，我们的工资都才140块钱，1万块钱这得多少个人的工资。幸好当时调进一个叫张健州的同志，他是电气技术方面的专家。所以我们组织到暨南大学去学习，回来自己调试，就把设备安装调试的问题解决了。

当时设备一到货，我们就到文锦渡去办到关、搬运。那时候是没有社会服务的，用钱也是请不到人的。我们自己就是搬运工，也是安装工。所以这样到开学前夕，我们把要求的语言室、录放像室统统都摆好了。在电视大学的一层楼，满满地摆好了。省高教局的张成达处长是常驻深圳的，而且特别关注电教中心的筹办。因为当年要招200多名学生，其他专业都没条件开课，就只能主修外语。所以我这个电教中心能否有比较好的条件，对保证教学是很有关系的。当时①来察看的时候，他就说了一句话，他说："外国人来参观都可以了。"我们听了也很高兴。之后，我

---

① 深圳大学筹备办公室成立后，省高教局派出了由张成达、朱锦鎏、潘泽琳组成的工作组，在黄其江、李修宏两位副局长带领下，协助筹办工作。

们利用在深圳的条件，把电视上适合当教材的英语节目做成录像，并安排英语系①的学生翻译成中文。语言设备室，还为学生提供了勤工俭学的岗位，也算是同学们的第二课堂吧。深圳大学提倡勤工俭学，首先是在我们电教中心施行的，而且是结合专业知识的。

电教中心的工作

1984年，（深圳大学新校址的）教学楼②A、B、C座建好了，9月就要开学，所以我们就需要从电视大学搬到新校址。当时我们"搬家"是很频繁的，像图书馆那样搬家了多次。由于当时预留给电教中心用的D座还未建成，我们就先到B座，然后又到C座……这个过程当中，基本上是我们几个人搬的。其中特别难搬的就是语言实验室。因为设备多且需要安装，搬迁的时候需要把它拆下来。换房间，这是一个。

---

① 英语系：即外语系，于1983年设立，是深圳大学最早的院系之一。在1987年以前只开设英语翻译专业，在1987年后增设日语、英语双语种专业，学制皆为四年。

② 教学楼：是深圳大学主体建筑之一，于1984年8月完成了首期工程。建有A—E座，现投入教学使用的有A—D座，E座被改建为深圳大学南图书馆。

另一个，我们电教的工作，是公私分明的。我们的设备，像录音机、录像机，要是我们自己就可以近水楼台先得月的话，那就会乱套了。所以我们规定，从我们领导做起，不得免费录制音频录像。当时录1小时就要20多块，用录像带，不像现在DVD几块钱就出来了，录音带大概是1块钱、5毛钱，我们那么多年这条规定一直都在执行。

还有一点要提的就是，电教中心从它成立起就成为接待客人的重点单位。有时一天要接待五六批。因为其他教研室，都只是一个办公室，图书馆也还没建起来，办公楼也没建起来。仅有的电脑室里面，也没有多少台计算机。我们电教中心有接待参观的任务，来的很多是领导，我不能随便叫一个人去带。比如有一回李鹏①来了，是罗校长陪着的，我必须要去接待。所以我那么多年，几乎天天要当"导游"，王克来老师当校办主任的时候，一天最多要接待十几批参观人员。

后来恰逢建校两周年，也是为了解决参观频繁的问题，我们决定拍摄一部宣传片。1984年建校两周年前夕，杨文杰老师从河南电视台来到深大，他说刚到第三天我就布置任务给他，拍摄《深大之歌》。这部宣传片我们用了一个多月的时间，主要负责拍摄的是杨文杰老师，解说词是我写的，配音者是张文华老师。以前是录像带的，整合以后就变成DVD了。拍了这部片子后我们负责的参观工作就减轻了很多，不用到处走，坐在这个放像室看一看，然后再重点地介绍。因此建校两周年前夕，我们拍出了这样一个宣传片，也算是一个突破吧。

---

① 李鹏：1928年10月生，生于上海，曾任国务院总理、第九届全国人大常委会委员长。1985年1月4日，李鹏副总理在叶选平同志的陪同下来校视察，并题词："希望把深圳大学办成一座真正的新兴的大学。"

　　那时我和潘汉洲到上海去考察，请了一个灯光师来为演播厅安装灯光工程。这个灯光工程首先是在华师大安装完成再到这里的，当时省里的高校只有华师大有，然后就是我们了。当时整个暑假，我都陪着他，最后走的时候有张照片，就是请罗校长来看的。一共花了十多万块钱。到了1986年的时候已经建成了6间语言设备室、2间听音室和4间放像课室。

电教中心控制室

录像室

　　值得一提的是 1986 年的 12 月 6 日，在我们学校，举办了一期叫作"现代教育器材展览会"，是由结构系的老师推荐的。这个展览会的设备是日本学习研究社提供的，本来要到清华去办，我们争取回来了。为了办这个展览会，我们辛苦了好一阵子，所有展品到货了要赶快搬运和安装。到举办的时候，全国好多电教单位来参观了，而且最后，5 万美元的设备，都捐给我们了。

　　我们在电教期间，大概做的是具体的基本建设。我在那篇文章里头说，我们电教中心的基本建设历时三年。我在《情怀深大》里的那篇文章只讲了到开学典礼为止，为什么呢？是因为这其中的过程实在太长了。在我的第一任期间，电教中心是评过奖的。三年，评了两次。同时深大电教中心也还在省里得了好几个奖。这些是靠汗水啊、靠努力得到的。

　　1987 年换届的时候，我就没有继续担任电教主任了。在 1987 年 5 月，我到了物理系。因为我在中大的时候，指导过实验，也讲过课，但是跟我的核物理专业来讲不是很契合。1991 年我又当了总支书记。其间我要讲课、指导毕业论文，有时还带学生去农村考察。我在担任总支书记期间，经常跟当时的系主任一块儿到学生宿舍去给学生谈话。那时候的学生啊，确实是有点混乱，打麻将的、做生意的、不上课的等等，我们给他们一个一个做工作，劝他们回来，让他们都能拿到毕业证。

　　1990 年，我又从物理系回到电教中心。当时大概有 9 个月的时间，我同时兼任了电教主任和物理系总支书记，到了 1992 年，我就跟王健生（时任应用物理系主任）主任说，我做不了了，物理系的总支书记你就代我吧。所以我从 1992 年开始才专门负责电教中心。我到 1995 年才退休的，因为来接我班的人一直没有到位。一直到 1995 年 3 月，才有老师来接我的班。

李向程老师在电教中心工作

深大情怀

前面讲了，我 1995 年就退休了，退休后我在离退休党委和学校的关心下一代工作委员会，这两个机构待了 10 年。直到 2006 年前后我才结束这份工作。那么接下来我就重点讲一下《情怀深大》① 这本书。

写这本书的一个主要原因就是我感觉这段历史，深圳大学怎么办起来的历史，好像没有（记载）。有时候会出现的情况就是，

---

① 《情怀深大》：记载了深圳大学早期建校历史。由李向程主编，彭宝罗副主编，编委会成员有：廖远耿、张国璞、陈建辉、赖永琪、张景贤、沈春梅、邓建熙、陈接源、方文元。

《情怀深大》扉页

有些学者来了就会问，"谁是八条汉子"之类的问题。所谓八条汉子，就是第一批调进深大的 8 个人，这些同志后来也确实做了很多基础工作。但是，深大怎么办起来的，很多人是不知道的。

那时候呢，我是在离退休党委负责宣传方面的部门里，部门叫作宣传委。那时候呢，姜忠书记提出要编一本书。我因为是宣传委员，也就大胆地承担了这个工作。在编写这本书之前，首先要有相应的文稿。宣传部需要去找哪些人投稿，这是个问题。于是当时随即成立了一个编委会，并且规定，这本书每篇文章最多是3000字，然后去向跟深大建校相关的人员征稿。收到的每一篇来稿，我还要全部去修订和校正。比如说，有一篇来稿讲的是办培训班的事情，讲哪一年、哪一月开学，谁讲话，什么都写出来。十几二十年，又不是当天的新闻，这些不用讲了吧。于是我干脆把这些全部改了。这一个过程，我要表扬一下我的老伴张翠容，她是第一读者。所有的文章拿到家里，她都看了。她这个人是比较实在的，会跟我说哪些不应该写。所以她是无名的编委，编委里没有份的。当然了，包括我这次（采访）讲什么，她都认真看了。

后来这本书也就慢慢成形，这个过程用了五年的时间。为什么要经过五年才能出来呢？实际上这本书的内容四年就完成了，只是后来我们将文稿送到北京的出版社，送上去，又退回来了。对于文稿中出现的第一届的党委书记和第二届校长的名字，中宣部（中共中央宣传部）要求是不能出现。所以被退回来以后，我们又开始修改文稿。由苏卫平主要修改，她是出版中心的主任，也是这个书的责任编辑，不过她没有用苏卫平的名字，用了一个代名。所以《情怀深大》这本书上的责任编辑实际上就是苏卫平。我跟苏卫平合作了两三年，她学理工科，我也是学理科的，本来就不是文字方面的内行啊。不过她做这个责任编辑，修改得很到位，她认为该有的、不该有的，我都赞成。所以我也很感谢苏卫平老师能够帮忙出这本书。

《情怀深大》这本书退回来后又花了三四个月的时间，最后才出版。说是1000本，实际上是出了4000本，花了7万多块钱，虽然剩下700多块钱，我们这本书的所有作者，一个人只能分一点点，所以我说这本书是没有稿费的，只有安慰奖。这本书出来以后，很多老师都说，真好。深圳大学成立 30 周年的时候，吴俊忠老师，学校要他去主办校史馆，后来因为一些问题，这本书没有出现在当时的活动展览上，但这本书对我们这些深大的历史开创时期的人来说是很重要的，那时我们也参加座谈，他也说这本书真好。这本书里头，有 36 个作者。深大怎么办起来的，怎么申请的，国务院什么时候批下来的，都讲得清清楚楚。我觉得我在深大能够组织办这本书大概是有点意义的。一些年轻的领导和老师，还是有必要了解一下，深圳大学怎么从零开始的？在什么样艰苦的条件下，为什么要背水一战，什么是"卖裤子也要办深圳大学"，虽然后来这些事慢慢淡化了，但很多人的功劳还是在的。最后我还要说一下这本书的遗憾，就是没有所有创办大学的领导们的名字。后来我们讨论这个事情的时候，我问姜忠书记，她说："无声胜有声！"

采 访 后 记

我们初次见到李向程老师，是采访那天的清晨。李老师与夫人一同前来档案馆接受采访，两位老人相互搀扶，走在校园的林荫小道上。看着他们的背影，脑海中不禁联想到，这两位老人年轻时在这里生活、在这里工作的一幕幕。李老师是深大建设历史中的一位平凡而伟大的教职工代表，在他身上我们看到的是当年在岗位上尽职尽责的深大人的工作态度。谈到给深大的寄语，他说："我也不是什么领导，也不是什么伟人，我们只是按习主席讲的去做。习主席讲了四有，心中有党，心中有民，心中有责，心中有戒，我认为，按照我们中国特色的社会主义是最好的，中国应该就是马克思主义的继承者，我希望我们年轻的同学也是马克思主义的继承者、发扬者，我们的科学技术要加快步伐地赶上去。"

接着，李老师眼眶湿润地说："我还是要感谢我的老伴，我还能活到今天啊，这跟老伴有很大的关系，在深大，不管我碰到多大的压力，她都陪伴着我。我心中还有一句话——问心无愧！"

临近采访结束，李老师还给我们念了一首他写的诗，诗的标题叫作《蜡烛》："假如你是一支蜡烛，千万不要放在太阳光底下，那是无济于事的。你应该把它放在暗室里头，把整个暗室照亮。"

李向程老师的采访手稿

俯首甘为开荒牛

"我要到特区来，我要到特区来参加改革开放，参加特区建设！" *

---

* 李宗浩，1928 年 6 月生，广东潮州人。国家高级工程师，毕业于岭南大学理工学院土木工程系，前后在深大工作 14 年，曾任深大基建办主任兼总工程师，为深大最早的校园建设奉献正能量。

我要到特区来，我要到特区来参加
改革开放，参加特区建设

　　1952 年，我从广州岭南大学毕业，在航空工业部搞军工工程 31 年。1978 年邓小平召开科学大会，提出要大力发展科学研究，我响应邓小平的发展科学的号召，组织了一个科研小组，主攻建筑防水。1983 年，我们成功了两个项目，得了奖。项目结束之后，我想再找一个工作做。当时我看到《深圳特区报》，讲改革开放的事情，我感觉改革开放是我们国家发展的一个方向。1983 年 10 月，我利用这个国庆节假期到深圳来参观，看到深圳热火朝天地施工，非常有活力。我回去之后就向领导提出来，我要到特区来，我要到特区来参加改革开放，参加特区建设。

李宗浩老师在深大校门前留影

当时领导不同意，于是罗征启派了（深大）人事处的方智来。她是一个老干部了，到湖南来找（我们单位的）领导，要领导放人。当时我们的所长不放，我心里很急。我心里着急是因为"文化大革命"，生产力大大下降。我感觉到这样子不行，这样下去国家就发展不好啦，我一定要到特区来！我是 10 月国庆节来参观的，11 月份没有走成，12 月份就放我了。然后我 12 月 30 日启程我带着行李就来了深圳。

援建深大，挑战"不可能"

那时候是元旦，我来到深大，1 月 5 日开了个会，讲深圳大学总体规划。当时规划，只有一个平面图啊，一张施工图都没有。1 月底，市里传话过来，说 1984 年 9 月要升学，所以深圳大学要赶快建起来。我们听了之后，都吓了一跳！因为当时一张施工图都没有，按照国家规定，这个程序是要经过初步设计、技术设计、施工图设计，三个阶段才能开始施工。设计阶段如果快的话也只能够缩短到两个阶段：一个初步设计，一个施工图设计。设计包括施工，至少需要 24 个月。24 个月现在要我们 7 个月完成，如果按照一般情况来说，完全是不可能的。这就是挑战不可能，我们在挑战不可能。所以当时我们开始想怎么解决这个问题。

不可能和可能这个辩证关系怎么处理，怎么把不可能变成可能。首先按照国家规定，没有图纸不能开工，只有设计完了，有了整套设计图，才能开工。我们从广东省设计院挑了最好的设计员，他们都有二三十年的设计经验。从设计到施工要 24 个月，现在要把它压缩，把这一套程序压缩到 7 个月，只能把设计和施

深圳大学第一期基建工程施工现场

工的时间重叠在一起，边设计边施工。施工进度不能顺着程序来排，而是倒过来排。8月交工，9月才能如期开学。所以就从8月份开始推前，8月要完工，5月份就要封顶，只能够2月份开工了，那也就是说 1 月底要把基础图画出来，2 月 20 日要把第 1、2 层的结构图给画出来，3 月要把 6 层楼的图纸都画出来。所以变成压缩压缩再压缩，还不能出差错。因为设计的话要先设计基础、一二层、五六层，如果前面设计好了后面发现有问题就接不上了，所以每个环节还得搞好。作为设计员，还要技术很高，搞不好就衔接不上，上下就会出错。所以我们采取了很多措施来解决这个矛盾，要把这个不可能变成可能。

这个过程还有一个难处，就是赶工怕质量保证不了，达不到优良品质。所以我们就要加强质量管理。2 月份开工，我们第一个月就抓偷工减料。我们在一个月内就发现有六个施工队钢筋偷工减料，偷减了 256 根。我们都统计了，决定进行处罚。我们规定，今后发现钢筋不够的，就罚！我们发了个通知，结果在发通知之后就再没有偷工减料。另外呢，我们检查第一个构件：梁、柱、基础，检查有没有达到标准，没有达到标准就返工。我们返工了一个基础，返工了一根柱子，返工了一根梁，从那以后他们就警惕了，不敢马虎了。所以从严，就保证了质量。最后我们第一批工程合格率是 100%，优良率 82%，质量管理从严取得了良好的成效。

激情满怀的燃烧的时代

我带领的基建办是一个优秀的团队，负责管理整个现场的计划、组织、管理、协调，包括进度、质量、物资供应，还有资金供应，等于是个指挥部。我们是一把抓，排了一个计划，就是 7 个月的进程、进度。我们把 7 个月的进度排出来之后，就要求设计单位和施工单位，总共有 16 个，2400 多人，由我们组织、计划、管理，我们管质量、管进度、管资金、管招标，都管。而且时间非常紧，所以那个真正叫作激情满怀的燃烧的时代。

国务院批准深圳大学之后，就提出了"破釜沉舟，背水一战"① 加快速度建设深圳大学。所以市政府就按"背水一战"来抓这个工程。邓小平当时（决策成立经济特区时）也提出来要"杀出一条血路"。

为什么要"杀出血路"？因为"文化大革命"我们国家已经落后了很多，不翻身，不改革开放，就越来越被人家甩在后面。就是要加快建设，用最快速度来建深圳大学。

什么叫"背水一战"？就是说我没有退路了，我一定要往前冲，一定要胜利！所以我们当时来搞这个深大建设，2000 多人，真的是拼命干。我当时在基建办主持工程，我是 1952 年大学毕业，到 1983 年共 31 年，从来没有说在工地上，你说什么，人家就按照你做的，但是在深大都听我的话。这个我说什么时候要出图，他就什么时候出图。教学楼的图纸，总共有 460 张，它分成土建、水电、空调，水电图要等土建出来才能设计，所以土建图是关键。图纸都是老工程师、技术员一笔一笔画出来的。我跟设计院说了，你必须 3 月 30 日晚之前把土建全套图纸给我送过来，结果他真的是 3 月 30 日晚上 10 点钟送到我办公室。我的办公室在 2 楼，在宝安县原来那个办公楼，我住在 1 楼，办公室在 2 楼，他晚上 10 点钟按时给我送来。当时施工单位也是听我们的指挥，都是有一股热情。我想这个热情怎么来的呢？就是因为大家都经历过"文化大革命"，正能量压制得太长时间了，终于有

----

① "破釜沉舟，背水一战"：1983 年 5 月 10 日，国务院批准成立深圳大学。这时，离 9 月开学只有四个多月，但学校还处于一无校长，二无教师，三无校舍，四无仪器设备、图书资料的状况。面对这艰巨的任务，市委提出了"破釜沉舟，背水一战"的口号。

一个机会爆发出来，就跟我一样，想爆发这个正能量。这些单位都是这样来参加这个建设，所以我们特别顺利。我的计划没有一条没有实现的。每个工程、22 个工程项目，不但按时，很多还提前了。

上下齐心，排除万难，共创奇迹

建水塔的阻力很大。我的计划是 4 月份开工，3 月份必须出图。但是当时罗校长是很讲究建筑的，他希望把这个建筑搞得很漂亮，所以他要求那个水塔，要搞一个创新的水塔，创造出最好的。他发动设计员设计，做了 34 个水塔的方案，后来评来评去，到 4 月份都还没有定，他感觉这些图都不满意。我着急了，我说 4 月份就要开工了，现在已 4 月，设计方案还没有定案，那怎么行？所以我说我想办法解决。我 4 月底跑到了湖南找设计院，因为湖南长沙有些设计院设计的水塔最好，他们听说是去大学的，很支持，马上给我派了设计员，我就带他来深圳，在深圳搞设计。我说我们水塔要搞创新，结果他就按照这个水塔的图，设计了三个创新。一个是把楼梯改成 180 度转的，以前的楼梯是旋转的，要转上去，转到 30 多米高，头都晕了。第二个呢，就是可以通电、能照明。第三个就是做了个观景平台，领导来可以上去参观。后来，虽然设计拖了进度，但是我们施工抢回来了。我们把施工时间缩短，找了六个施工队投标，选了其中最好的。本来三个月的工期，我们缩短到了两个月。保证了供水，也解决了问题。

建设遇到另一个大困难就是空调。为什么呢？因为空调订货，它加工有个周期，惯例是订货之后 6 个月到货。而且空调属

深大水塔

于附属工程，这空调的图纸土建搞完之后它才能设计的。画的图还要把设备清单列出来，一项一项设备，多少件、什么规格，都要写的。4月27日出图纸跟设备清单，我们马上就组织招标，空调7月底必须到货。5月份订货，7月底就要到货，这才两个月。当时招标有六个公司投标，六个公司中有五个公司摇头，都说我达不到你的要求。我们的要求太苛刻了，我们的要求太不可能了。

但是香港怡和公司就有办法。有一个国家订的货跟我们的型号一样，已经由美国的约克公司生产了，但还没有送货。他说："那好，我把这个调整一下，我变通一下。我把人家定的设备先送给你，然后我再给他生产那不是也可以吗？"结果一变通，我们这个难题又解决了。我们定的 7 月 30 日到现场，他保证了。7 月 30 日真的就到了现场，8 月 1 日就位，经过一个月的安装调整，本来用三个月才能完成，才能验收的，结果加班加点，一个月搞完。9 月份开学的时候，这空调就开起来了。

当时我们解决这些不可能，实际来说，是上面跟下面齐心协力，共创奇迹。首期工程只用了 7 个月建成，被香港记者称为"神话般的奇迹"。这个建校速度真的是打破了不可能。打破不可能的原因就是因为我们国家人民有创造力。上面是"杀出一条血路、背水一战"这么一个决心；下面老百姓就想富强，摆脱贫困，要发展生产力，所以力量很大。

现在要 7 个月搞完根本不可能。恰好就是在那个时候，邓小平视察了深圳，而且大家都因为"文化革命"，积压了那么多年的正能量，是一种发挥，是一种爆发，可以说是火山爆发一样！它这个爆发就是我们国家力量的一种表现。

1984 年，深圳创造出两大奇迹，创造了"深圳速度"，一是仅 7 个月就建成的深圳大学，二是三天一层楼的国贸大厦。我们不能够忘记，当时市长、副市长、秘书长，我看他们都是特别重视，狠抓嘛，所以这个才有力量把特区搞上去。所以创造两个深圳速度之后，深圳发展就更好了。这个就是深圳精神，这就是深圳的力量。

2005 年《深圳商报》关于深圳大学的报道

老当益壮

我 1984 年 1 月份开始工作，1988 年工程结束，我就从基建办主任退了下来，1988 年我也 60 岁了。但我还没有马上就退休。当时国家批准成立了一个新的监理制度，就是监理工程师，组成的一个新制度，在创建监理新体制的过程中，深大是市政府制定的试点单位，起了很大的作用，试点取得了成功。我也写了几篇文章总结深大建校的一些经验，在《建设监理》杂志上发表。我还被国家人事部、建设部两个部联合聘为全国第一批 100 名监理工程师之一，编号 55 号。

1988 年经深大校长批准，我晋升为教授级高级工程师，随后我受聘为监理工程师培训中心客座教授，办了四期，招收了 500名监理师。另一个就是成立一个新的公司，叫作深圳市宏业地盘管理公司，我担任公司的总监理师。1988 年到 1997 年，我在公司干了 9 年，到 97 年 7 月份才退休。

1997 年我 69 岁退休了，退休后 20 多年，我把退休生活当作学习大课堂。我写了 56 篇论文，还不包括一些诗词。国庆 60 周年，我给深圳大学报写了《喜庆民族崛起》。我现在是学做自己的管理师，学当营养师，学当保健医师。我还重新学一个专业，叫作卫生保健专业。每天学习 1—2 个小时，最少 1 小时。学政治、学时事、学卫生保健，我买了 300 本医学保健书，把原来建筑专业的书全部 1000 多本都换下来，全部改为卫生保健、政治、时事这些新的书，盘点了一下有 1400 本。"金钱买不来健康，知识却可换来健康。"这是我 20 多年来的学习心得。我今年 90 周岁（2018 年）了，我的腿脚照样走得很快，生活完全自理，一天能够走一万步。我去年最高也是走了 14000 多步。按照国家最新的老年健康标准全部达到。这个就说明学习非常重要，勤奋学习，一辈子什么都没有阻拦。我把 90 岁以后的生活仍然当作一个大课堂，研究"健康中国"课题，探索生命科学奥秘，继续为民族复兴伟业奉献正能量！

采 访 后 记

2018 年 1 月，李宗浩老师在深圳大学档案馆接受采访。我们见到他时，李老师虽然鲐背之年，但仍神采矍铄，这得益于他规律的老年生活。李老师从担任深大基建办总工程师的视角，讲述了深大建设之初可歌可泣的基建历史。我们看到老人家谈起当年事迹的时候无比自豪而坚定的眼神，备受感动和鼓舞。李老师在采访最后还抒发了他对国家发展的感慨和对深大学子的寄语。

他讲道："我们国家进入习近平时代，的确很幸运。从汉唐以来，我们现在可以说是第三个盛世，千年一遇的盛世。生在这个千载一遇的时代，我们是最幸运的，深大的学生是非常幸运的。现在我看报纸上说全世界有 4000 多个特区，最好的、最典型、最成功的就是深圳，就是因为深圳开放改革，敢于创新。深大也起着带头作用，我们深大的学生一定要发扬这个精神，把我们这个特区搞得更好。现在大学生 20 岁，再过 30 年也就 50 岁，所以在这个盛世，我们要抓住机遇，创新，每个人的梦想都能很好实现。

"一个人的一生，会遇到许多次的机遇和挑战。关键在于你能否抓住机遇，实现人生的转折。回顾我 90 年的人生历程，发生过六次大的机遇或转折。后来我又写了一个人生感悟——人生三件宝：勤奋、好学、珍爱。勤奋：有磨难、有成功、有奉献，人生才有价值；好学：学社会、学他人、学书本、学信息，好学才得真知；珍爱：珍光阴、珍生命、爱祖国、爱人民，珍爱才获幸福。我愿送给深大学子这六个字：勤奋、好学、珍爱。我还希望深圳大学的学生，伴随民族崛起，放飞青春梦想、脚踏实地、学好本领，为新盛世增添正能量，在爱国奉献中书写精彩人生！"

不忘初心创业情

　　"我自己都没有想到，到了'知天命'的年龄，不在燕园未名湖畔过安稳日子，还从那个最古老的大学（北京大学），跑到这最年轻的大学（深圳大学）来筹建中文系。"*

---

　　* 胡经之，苏州人，1933 年生于无锡，致力倡导文艺美学。自 1952 年考入北京大学中文系，1960 年底，副博士研究生毕业后留校，由助教、讲师、副教授到教授，久居北大。应张维院士之邀，1984 年与汤一介、乐黛云来到深圳大学共同参与创办中文系和国学研究所，后又任国际文化系主任、特区文化研究所所长，多年担任深圳大学学术委员会副主任，人文社会科学委员会主任。深圳首获"广东省优秀社会科学家"称号的人文学者。

受命清华园

我自己都没有想到，到了"知天命"的年龄，不在燕园未名湖畔过安稳日子，还从那个最古老的大学（北京大学），跑到这最年轻的大学（深圳大学）来筹建中文系。要回溯当时是怎样做的这个决定，原因当然多多，但最关键的还是受了改革开放精神的召唤。具体来讲，就是当时深圳大学的校长、张维院士的盛情邀请。

1983 年快到年底的前几天，张维校长叫当时在清华负责恢复文科建设的钱逊，来告诉我和汤一介①，说请我俩和乐黛云②到深圳大学来创建中文系和国学研究所。钱逊还说张维邀请我俩在 1984 年元旦到他清华园寓所做客，当面相商。1984 年元旦 9 时 30 分，我和汤一介两人，由钱逊引领如约拜访张维院士。他为我们备了茶点，畅谈了一个上午。刚见面他就半开玩笑地说道："我这次找你两位，可不是代表清华大学鼓动你们到清华建设文科，不是挖墙脚，而是代表深圳大学，求支援。深圳大学初办，从零开始，从无到有，急需国家支援。"当时张维院士和教育部已经谈好，由清华支援自然科学；北大重在人文科学，人大则支援建经济、政法等社会学科。教育部已经给北大领导打了招呼，

① 汤一介（1927—2014）：中国当代著名哲学家、国学大师、哲学史家、哲学教育家。1951 年毕业于北京大学哲学系。曾任北京大学哲学系教授、博士生导师、中国哲学与文化研究所名誉所长、中央文史研究馆馆员。1984 年受张维院士聘请到深圳大学，成立深圳大学国学研究所，担任所长。

② 乐黛云（1931 年生）：1952 年毕业于北京大学中文系，曾任中国比较文学学会会长、全国外国文学学会理事、北京大学比较文学与比较文化研究所所长。1984 年受张维院士聘请到深圳大学，参与中文系筹办工作。1987 年担任深圳大学中文系主任。

北大常务副校长张学书是这么一个态度，"你挑，你想选什么人，你们定，我们支持！"张维院士告诉我们，他请了北大的外语系主任李赋宁①当外语系主任。当时，张维院士请李赋宁请了五次，李赋宁才答应。现在要请汤一介、乐黛云和我，到深圳大学办中文系。汤一介办国学研究所，就放在中文系。中文系要有国学做底子，打基础，但办学方向要创新，要大力发展新兴学科，适应时代需要。他说："请你们，这叫借鸡生蛋。鸡是北大，我借北大的鸡来生我们深圳大学的蛋，人文学科就靠你们了！你们来去自由，这叫借聘，不叫应聘。"张维院士见多识广，考察过欧美许多著名大学，懂得如何推动人才流动，但是他就告诉我和汤一介，允许我们三个人可自由来去于北大、深大之间，半年由我、半年由乐黛云来深大，这样子轮换既不影响我们的教学，也不影响我们在北大培养研究生。他说："我们暂时试三年，如果办成，办好了，中文系搞起来了，你们还是来去自由，当然你们要是愿意留在深大，我们当然欢迎。"当时我和汤一介在北大都已招了研究生，还承担科研任务，如何离得开北大？心存犹豫。我们一听，这番话是针对我俩的思想实际，解除我俩的顾虑。我俩都心有所动。当年，汤一介已 57 岁，乐黛云 53 岁，我刚过 50 岁，我想尝试走出燕园，到外面世界多些见识，探索一下文艺学发展的新路。

---

① 李赋宁（1917—2004）：西方语言文学大师，中国当代著名教育家、翻译家。1941年毕业于清华大学外文系。1946 年赴美国耶鲁大学研究院留学，1950 年回国后任清华大学外文系副教授，1952 年院系调整后调到北京大学任西语系教授。1981 年成为我国首批博士生导师。

1985 年 10 月，钟文前来看望胡经之和乐黛云

（从左至右：钟文、胡经之、乐黛云）

初闯深圳墟

1984 年邓小平第一次南方视察，就到深圳来考察。春节后不久，我教过的一个学生，叫孙霄宾，在教育部政策研究室，他拜年的时候来看我们，告诉我们，现在教育部正在策划怎么支持深圳大学，因为邓小平回到北京之后，交代一定要办好两件事：一件事是大亚湾核电站，另一件就是要办好深圳大学。那就说明邓小平都重视深圳大学，叫要办好深圳大学啊，所以我要赶快到深圳去看一看，要赶快做决定。

其实我是在和季羡林①、杨周翰②的一次交谈之后，有了一种使命感。在张维院士约谈后不久，北京大学比较文学研究会召开工作会议，商讨 1984 年活动安排。我当面向季老报告了深大要我和乐黛云去办中文系的事情。季老一听，就大声说好："太好了，李赋宁去办外语系，你们去办中文系，要抓住这个机会，创造条件，建立起能开展国际学术交流的机制。你们在南方，我们在北方，南北呼应，相互配合。邓小平倡导改革开放，你们到深圳，也要闯出一条新路，摸索怎样开拓国际文化交流。若用得着，我一定去深圳看看，打打边鼓，助助阵。"季老这番话给予我极大的激励，却也增添了我担子的分量。正好那个时候中华全国美学学会通知我 4 月下旬到厦门大学去开厦门美学学会的成立大会，而汕头大学负责筹建的罗列③教授也在春节到家拜访我，鼓动我去他那里考察，能否吸引我去。我一想，这次出去，就把汕头、深圳都考察了吧。

那时候正好 5 月 1 日，我开完会就乘飞机直飞汕头。到了汕头大学，罗列教授从学校特地调了一辆车，亲自到机场来接我到他家去住了三天。作为筹建主任，他住的是一座新建的独栋两层小楼，有 100 平方米，楼前还有小院，可种花草。他告诉我，这

---

① 季羡林（1911—2009）：国际著名东方学大师、语言学家、文学家、国学家、佛学家、史学家、教育家和社会活动家，精于吐火罗文（当代世界上分布区域最广的语系——印欧语系中的一种独立语言），是世界上仅有的精于此语言的几位学者之一。任北京大学的终身教授，曾与国学大师饶宗颐并称为"南饶北季"。生前曾撰文三辞桂冠：国学大师、学界泰斗、国宝。

② 杨周翰（1915—1989）：1939 年毕业于北京大学英文系。1949 年毕业于英国牛津大学英文系。曾任西南联合大学讲师。中华人民共和国成立后，历任清华大学副教授、北京大学副教授、教授、中国比较文学学会第一届会长、国际比较文学协会第十一届副会长。

③ 罗列（1921—2012）：曾任中国人民大学新闻系主任，积极参与中国人民大学的复校工作。曾参与汕头大学筹建，任汕头大学副校长、党委副书记。

都是给教授和校领导建的住所，你若肯到汕头来，也会给你这样的小楼。这个就很吸引人啊，当时北大就算提升了教授，也只有75平方米住。当时，我只好默默不语，不置可否。三天转下来，我要离开汕头了，必须把我的意向坦率告诉罗列教授，不能再含糊其词了。我说，我才过50岁，虽然读了万卷书，却还未行万里路，新的征程要开始，不能就此止步。汕头大学虽有李嘉诚做后盾，不缺钱，但这里的局限很明显：交通不便，语言不通，信息不灵。我也不客气，把这说成"三不"，直言那个地方讲话都是潮汕话，我根本听不懂，没法对话，这是语言不通，交通也不方便，最关键是信息不灵，怎么做学问啊！我坦率相告，深圳已要我和汤一介夫妇去那里，此次去就是要落实了。我跟他说，虽然我不能过来，但我会给他推荐人来。好在罗列教授是相识多年的老熟人，我得到了他的理解。我推荐郁龙余①到汕头大学来，因为他夫人当时在福建，很近嘛。结果后来郁龙余也没有去，跟着我们来了深圳，我对罗列教授一直抱着深深的歉意。后来我再去汕头大学访问，当面向他道了歉。

我乘小飞机到广州已经是深夜，在酒店住了一宿，然后转火车，5月4日才到的深圳大学。当初深圳被号称小香港，我想，广东人都说深圳是小香港，那应该是很繁华吧？但是我一看，当时心里有点失望。一下车，出租汽车没有，公共汽车也没有，只有稀少的中巴，三轮车倒很多。那时候没有电动的，都是脚踏三轮，我就找了一个脚踏三轮，颠颠簸簸就到了筹备处。深圳大学当时还没有建成，这个筹备处就设在宝安县政府的旧宅里。现在

---

① 郁龙余（1946年生）：1965年入北京大学东方语言文学系印地语专业，师从季羡林、金克木、刘安武诸师，学习印度语言文学。1984年调入深圳大学中文系，1997年成立文学院，任文学院院长。

的地王大厦就是当时的山坡的位置。山坡下有几栋两层的简易楼、小院子，很简陋。建校初始，就是罗征启在这坐镇。张维校长是"遥控"，忙着在北京请各系主任，张罗来深圳。

我进到筹备处的小楼里，认识第一个人，就是王克来[1]。王克来一听要找罗征启，听我的口音就知道我是南方人，一谈下来，原来是老乡，都是苏州人。王克来一听，立即答允下午一上班就引见，当务之急是吃饭。他领我到楼下一看，铁皮临时搭建的一个棚子，闷热闷热，当时的条件就这样。我进铁皮房一看，三个老熟人也在这里吃饭，一个是原来复旦大学的著名教授蒋孔阳，一个是著名学者美学家李泽厚，还有一个武汉大学的教授刘纲纪。我们都是熟人，又都是美学界的。他们也是从广州到这来考察。因为邓小平一来，全国都来深圳看看，看看这究竟是个什么地方啊？改革开放怎么搞啊？他们也来看。当一谈到我们是要来建中文系，他们三个都说好。鼓励我说，这个地方靠近香港，香港地区区位方便，有开展国际交流的有利条件，要建立这个国际文化交流的平台，这里有优势。他们三位的想法，正好跟我们副校长季羡林的想法不谋而合，大家都想改变过去的封闭状态，开展国际文化交流。

午饭后，王克来安排我到后院的一间平房里休息，我这几天就在这里住下了。两点多，我就在二楼见到了罗征启。我和老罗虽长期在北京，互相都知姓名，但从未见过面。这次见面老罗为我介绍了一年来筹建深圳大学的详细经过，并告诉我：目前深大还无校舍，正在蛇口那边加紧建设第一期工程，先把办公楼、教

---

① 王克来（1935年生）：1983年调入深圳大学，系深圳大学第一批筹备委员会人员"八条汉子"之一，1984年任深圳大学校办副主任、学生工作指导委员会委员。1987年正式从深圳市电视大学调入深圳大学，历任校办主任、学生就业指导中心主任、校企管办主任。

学楼、图书馆和教师公寓、学生宿舍建起来。1984 年 8 月就能建成，9 月准时开学，那时中文系就可宣布成立。老罗敦促我，回北京后尽快和汤一介商量，做出安排，9 月份开学前务必来深圳，和首届学生见面。老罗就是深圳附近的番禺人，1983 年就回到家乡来参与深圳大学的建设，他对这所当时最年轻的大学充满了感情，对前景十分看好，有决心和信心把这所大学办好。他的这种热忱，深深感动了我。他说，深圳大学前途一定好，这个地方就像一张白纸，是没有开垦过的处女地，你想怎么画，这个图画就画成什么样，给我们留有很多自由的空间，这些给了我很深的印象。

当时《深圳特区报》已经办起来了。开始只是周刊，1983 年 12 月成为日报，地址就在深大筹备处的西边，也是当时最大的文化设施。特区报的副总编也是我北京的一个熟人，许兆焕。一见面，他就爽直地说："来，快快来，这里天地宽，发展余地大，可以自由施展你的才华。"我问他，在深圳能否开展国际文化交流。他告诉我《深圳特区报》就是依靠香港文化界才办起来的，还对我讲了特区报创办的详细过程，使我深受启发。

我自己心里已经有数了，回京第二天，就带了一块布料去老汤家里，诉说我去深圳的经历。我尽可能详细地说了我的所见所闻，我的经历和我自己的想法，还有那些学者的看法。老汤都特别认真地听取了，尤其很注意李泽厚、刘纲纪这俩人的看法。他们同是北大哲学系的先后届同学，老熟人说真实话嘛，最可信！最后老汤问我："去不去深圳？"我当即回答："去！"老汤一锤定音："好，去！"当晚我俩就前往清华园，向张维院士面陈，我们三人跟他去深圳。张维院士连声称好，就此敲定！告别时，他向老汤叮嘱了一句："催乐黛云赶快回来，9 月份开学一起去深圳。"

我之后又急忙去外文楼向季羡林报告了整个情况，季老很高兴，鼓励我们去深圳开辟新天地。然后，我又去中关园二公寓找到了北大中文系主任严家炎，寻求他的支持。我请他不仅要对我的教学任务做些适当调整，而且在这三年里，还要请些教师去深大开设课程。家炎是我随杨晦①攻读文艺学副博士研究生时候的同窗好友，除了导师杨晦，他是北大最了解我的人了。家炎兄当即就答应把我的课程安排在春夏季，到秋季就让我放心去深圳。我带的研究生，视需要也可在两地来回，灵活机动。经汤一介的敦促，在大洋彼岸游学三年的乐黛云终于回到北大，做好了去深圳的准备。

入住新校园

5 月份对我来讲是叫初探深圳，就在小镇里看了一下，因为当时还没有校园。到了 1984 年 9 月份，深圳大学第一期工程已经完成，我们就住进了新校园。这个就是深圳速度，有的人说"深圳速度"是深圳大学的速度，有的人说是国贸大厦的速度，尽管说法不同，但反正当时都是这个速度。我们是在 1984 年的 9 月份，和其他几位系主任一块儿，由北京在张维校长的亲自带领下来的。我记得当时清华大学有三位：图书馆馆长唐统一、建筑系主任汪坦、电子系主任童诗白。北大有四人：外语系主任李赋宁、国学研究所汤一介、乐黛云和我属中文系。中国人民大学也有一位：法律系主任高铭煊，还有一位从清华来当深大人事处副

---

① 杨晦（1899—1983）：现代作家，文艺理论家。1952—1966 年任北京大学中文系系主任。

处长史博文，一共 10 人。

我们由张维校长亲自带领，乘了飞机到达广州，一到广州，深大已经派了一辆中巴来接我们，来接我们的就是王克来的夫人张广贤。她先把我们送到一家餐馆用了午餐，然后奔向深圳。那时从广州到深圳，要经过两条大江，两次轮渡就花去不少时间。到了深圳已经是傍晚了。我们一下车就是到这新校园。刚下车，就觉得眼前一亮，夕阳西下，阳光照耀后海湾，一片金黄，校园的美景，一下就把我们旅途的疲倦一扫而光。当时校园还比较空旷，大片荔枝林，房子还不多，只建了一个办公楼，教学楼、图书馆还正在建，主要的办公楼和教学楼都建成了。超前的，现代化的，学的香港中文大学的建筑，那个水平的确很超前的。里头空调、电器都有，当时我们清华、北大这么有名的学校，也没这些。我们被安排住在凌霄斋①，当时的研究生楼。研究生还没有，但是深大已经建了研究生楼了。我们每人一间，张维校长也住那儿，住同样的房，一起吃饭。

但是老实说，当时深大一平方公里整体上，还孤零零的只有那几栋现代化建筑，周边都还很荒凉。杜鹃山、文山湖，当时是很荒凉的，因为还没有来得及整治。周边就更荒凉了，我们到南头去就要费很大的劲，都是土路、荔枝林和菜地。没有自行车根本没有办法，自行车还得骑骑停停，因为它坑坑洼洼，高高低低，有的地方可以去，有的地方不能去。就在中秋节那一天，我们几个北大来的，郁龙余、张卫东、汤一介夫妇一起吃了月饼，因为他们（汤一介夫妇）过了中秋节要回北京，这半年是我主

① 凌霄斋：深圳大学第一期学生宿舍之一。凌霄斋、红榴斋、山茶斋、海桐斋、米兰斋、桃李斋六斋，建于 1984 年，是深圳大学最早一批宿舍。凌霄斋最初被设计为研究生宿舍，配备有空调和独立卫生间。

持，我提议我们就去遛遛弯儿，看看校园吧。就遛到文山湖，到了文山湖，当时中秋，月色朦胧，走着走着乐黛云发出了一声感慨，她说："我怎么感到回到鲤鱼洲①了。"鲤鱼洲？这一声唤又把我们引回到十多年前那番情景，当初"文化大革命"，北大、清华的人都被送到鲤鱼洲去改造，就在鄱阳湖边上的一块荒塘。那是比鄱阳湖还要低的洼地，当地人围滩造地，办了个劳改农场，军宣队把北大、清华的教师送到这里来劳动改造。曾经汤一介夫妇还带了孩子到了那儿，要在那落户，做长久打算了嘛。她的这一声感叹，我脑海里马上就浮现出荒凉的场景，那个时候确确实实文山湖是荒凉，还没来得及修整。深圳大学就是在这个地方建，真的是荒山野坡。所以你要回想起来，我们就是在荒山野坡上建立起的现代化的大学，我们都看到了这个过程。乐黛云感慨，也有道理。乐黛云到了美国三年，搞比较文学，她看到的是美国的繁华，一下子到这个地方来，落差太大，所以她就不由自主地发出了一声感叹，怎么又回到鲤鱼洲啦？但是，改革开放使这一带荒山野岭迅速改变样貌，现代化大学的新校园很快就建了起来。我在这校园里住了八年，在 2002 年迁入深大新村。

建立中文系

我们来了之后，首先安排教学，陆续开出了一些深大基本的课程，慢慢形成了一个基本队伍。当时深大已从北京调来了几位北大人，张卫东、刘丽川、钱学烈、钟嘉陵，几位北大人来得最

---

① 鲤鱼洲：位于江西省南昌市。60 年代后期，清华大学在此创办试验农场，北京大学办江西分校，许多老教授、老学者被分配至此锻炼劳动，直至 1971 年二校人员才全部返京。

早，教古代汉语、现代汉语。然后是章必功、倪钟鸣讲古典文学，还从上海调来一个马家楠，这样古典文学的基本队伍就有了。讲现代文学的是中山大学来的陈乃刚、封祖盛，上海来了一个徐葆煜，也讲现代文学。外国文学就是郁龙余，当时北大毕业的一个美学研究生刘小枫也来了，教外国文学，后来吴俊忠也是教外国文学。教文艺学的年轻教师荣伟也是北大毕业的研究生。现代汉语、古代汉语，中外古今的文学，这都是大学讲堂必须讲的基本课程，在这二三年间，在中文系陆续建成。

当时深大的效率很高，我始终记住了大家干劲很足。那半年是我在这坐镇，罗征启是常务副校长，又是党委书记，也在这坐镇。他的干劲特别足，效率特别高，有一点给我深刻的印象，他搞了一个叫工作午餐制①。学校的许多大事，就是在午餐会上落实的。

9月21日，在教学大楼下露天的大厅，全校举办了深圳大学校舍落成典礼和新学年开学典礼大会。这个会也是别开生面，不设座位，就像欧美的一个鸡尾酒会，大家站着，举个酒杯，祝贺深圳大学校舍落成和开学。张维校长当场宣布中文系成立。中文系是在1984年这一年成立的，就在这个会场。

就在1984年的这个会上，我们迎来了三位嘉宾。一位是饶宗颐②，他代表香港中文大学专程来祝贺中文系和国学研究所的

---

① 工作午餐制：办学之初，为提高效率，深圳大学每天中午都要召开工作午餐会。一到12点，全校各系的主任、各行政处室的处长，还有学生的代表、学生会主席、团委书记等，就聚到办公楼会议室，每人发一盒饭，边吃饭边议事。

② 饶宗颐（1917—2018）：享誉海内外的学界泰斗和书画大师；在传统经史研究、考古、宗教、哲学、艺术、文献以及近东文科等多个学科领域均有重要贡献，在当代国际汉学界享有崇高声望。中国学术界曾先后将其与钱钟书、季羡林并列，称之为"南饶北钱"和"南饶北季"。

成立；一位是罗忧烈①，代表香港大学；还有一位是程祥徽②，代表东亚大学（澳门大学前身）。他们都是专程从香港、澳门来深圳，为我们祝贺的。我和汤一介夫妇接待了这三位，开启了国际文化交流之门。

在基本课程落实之后，我们三人就积极开展国际文化交流。中文系建立的第二年，1985 年就在"海上世界"举办了中国比较文学学会成立大会和首届学术会议，迎来了北大的季羡林、杨周翰，国际比较文学学会会长佛克马③等。汤一介也在国学研究所召开了"东西方文化比较研究"的交流会，来了杜维明④、王元化⑤、庞朴⑥等中外学者。1986 年，我在深大主持了港澳台及海外华文文学的国际研讨会，来了一百多位中外学者、作家。这在深大的历史上，都是空前的。

从 1984 年到 1987 年，这三年间我们来来往往就这么把中文系建起来了，队伍也建立起来啦。到了 1987 年，汤一介和乐黛云已经回去了，那边（北大）也经常催我回去。当时的副校长张学书也催。但是我已经适应了这边的生活，而且我已经被深圳深

---

① 罗忧烈（1918—2009）：1940 年毕业于中山大学文学院中文系，曾任教香港大学，对诗、词、曲和文字学、训诂学、古音学深有研究。

② 程祥徽（1934 年生）：北京大学文学学士，香港大学哲学硕士，语言学教授。现任澳门大学中文学院院长。

③ 佛克马：全名为杜威·佛克马，荷兰著名的汉学家、比较文学学者和文学理论家，同时也是中国比较文学和文学理论界十分熟悉的一位西方学者。

④ 杜维明（1940 年生）：中国当代著名学者，现代新儒家学派代表人物，当代研究和传播儒家文化的重要思想家。

⑤ 王元化（1920—2008）：国内外享有盛誉的著名学者、思想家、文艺理论家。在中国古代文论研究、当代文艺理论研究、中国文学批评史、中国近现代思想学术史研究上开辟了新路，做出了开创性的贡献，是中国 1949 年以来学术界的标志性领军人物。

⑥ 庞朴（1928—2015）：中国当代著名历史学家、文化史家、哲学史家、方以智研究专家。致力于中国哲学史、思想史、文化史以及出土简帛方面的研究。

1985 年 10 月 29 日，中国比较文学成立大会，邀请国际比较文学主席佛克马（Douwe Fokkema）及美国、日本、英国、法国等国的比较文学学者参加。胡经之同佛克马共同主持

深吸引住了，喜欢上了这个地方。北京的气候不好，我在北京身体不好，到这里后身体好了。而且这里实行改革开放，自由发展的余地也比较大，所以 1987 年我就留在深圳了。当时张校长住在清华园，我住在中关园，离得很近。他知道我的情况。春节时我给他拜年，他说："你是不是已经很适应深圳的环境了？你就不要回北大啦。深圳大学要发展人文，可现在才有外语系、中文系。还有很多要做的，你留下来，看看除了中文系以外，还有哪些可以发展的人文学科。"我就这么留下来了，因为以前都是借聘给深大，说老实话，是考虑北大的多，考虑深大的少，考虑深圳怎么发展、培养什么人才、学科怎么改革的少。当时的注意力放在国际交流上，我们搞了很多活动，都有书面材料，学校也都知道，这个国际交流文化的平台是我们中文系先搞起来的。当时深圳市里还忙着八大建设，硬件建设深圳还没来得及，更还没有到软件建设。而国际学术交流会议，是软件部分。因为北大老早就提出来了，所以我们就有十足的信心。留下来之后我的担子就重了，因为他们回去了。不但是中文系怎么发展，而且张维校长让我考虑的是深大的人文学科怎么发展。

国际文化系

我落户深圳后，邹尔康到海南去当副省长了，新来的主管文教的副市长叫林祖基①。林祖基是个文人，常写杂文。他和我，都是深圳为数不多的中国作家协会的会员，成了文友，常一块儿聊天一块儿座谈。他就跟我老实讲："胡教授，你们北京大学，一流。你把北大的学术传统带到深圳来了，深圳大学的学科建设很好，但是你不能把北大的那套课程全搬过来，北大培养的都是中央部门需要的人才，我这是为深圳服务，你既要考虑国际文化交流，又要考虑怎么提升深圳的整体文化水平。"我正考虑怎么办，正好这个时候深大办了两年制的专科，毕业以后就业指导中心做了一个关于"深圳需要什么人才"的调查。结果就发现深圳的外贸公司很多，你要给他们提供"中西通"的人才，但是也不能太深，太深了人家也不懂。我想想也是，我在中文系开的是文艺美学，乐黛云开的是比较文学，都较为专门，除了极少数想考

---

① 林祖基（1934年生）：历任四会县副局长，深圳市委办公厅副主任、主任及市直属机关党委书记、市教委主任，深圳市委常委、秘书长、副市长。杂文集《微言集》曾获全国首届鲁迅文学奖。

研究生的学生外，一般学生就不太关注。听了林祖基的话，我在1987 年 6 月，萌生了把中文系扩建为国际文化系①的念头，想把教学方针定为"贯通中西、应用为主"。我带着这个想法跟罗征启一商量，罗征启支持我把中文系改成国际文化系。当时深大提倡创新，他说："你是系主任，你确定是国际文化系就行。"林祖基也说，你们学校能承认，市里面没问题。当时的系主任权力很大，可以自定专业、自定系名、自定教师，真是自主创新。我和系里的几位副手张卫东、章必功、景海峰、郁龙余等一商量，一拍板，国际文化系就建立起来了，7 月就印出了国际文化系的招生简章。这当时在国内是创新，没有的。说起来这跟北大还是有一些联系。北大有国际政治系，国际政治系的系主任赵宝煦我很熟，我们在一起聊天。就聊到深圳大学改革。他说北大的国际政治太窄，没有那么多人搞政治，也不可能那么多人到大使馆去工作，更多的时候是国际文化交流。我女儿就是国际政治系毕业的，毕业后在清华大学出版社当副总编辑，常出国做文化交流。我受到启发，就把中文系改成国际文化系。中西通，既要把中国的文化传出去，又要把西方的文化传进来交流。方针就是这样子，中西贯通，应用为主。因为这是首创，特区报副老总许兆焕马上写了一个消息给《光明日报》，《光明日报》马上特别报道深圳大学创新，成立国际文化系。几年以后，好多学校都成立了国际文化学院，人家都叫学院了。那都是后来的事，但在当时我们是首创。我们当然要进行改革啊，讲得不能太专，所以我们好多时候是把北大的课搬过来，当时谁在北大讲课开讲座，我们就

---

① 国际文化系：1988 年 6 月，由胡经之带头，将中国语言文学系扩建为国际文化传播系（简称国际文化系），设置新的专业，改革专业课程。延续原先"中西融合，应用为主"的办系方针。

把谁请过来，到深大也讲。老师也高兴，当时北大的工资是深大的一半，所以北大的教授也愿意来。他们在北大讲完了课就到深大来再讲一遍，但是长期这样是不行的，适应北大的不一定适应这，有的学生也不需要知道的那么深。但是你的知识面要广，外文要好，中文要好，所以要进行改革，要往这方面努力，中西融通，应用为主。

当然，北大的学术传统不能丢，我和北大的联系也没有断。北大有什么"名牌"菜，广受学生喜爱的好课，我还是常请到深大来。我们请过黄修己来开过现代文学讲座，张钟来讲当代文学，孙凤城来讲西方文学，广受深大学生欢迎。

国际文化系在深圳大学起的什么作用？我把中文学科拓宽了，不仅只封闭在文学圈，而是广及文化，以促进中外文化的交流，这在深圳大学多了很多生长点，有很多学院是从这里头生长出来的。我举个例子，当初我们一来，就跟澳门的东亚大学合作搞对外汉语，吸引我国港台地区和东南亚的学生来学习汉语。当时还没有澳门大学，后来才有的澳门大学。传播中国文化嘛，那时我们一来就做了，当时主要是张卫东和东亚大学的程祥徽合作，办成了这个事。而且我们跟北大的国际交流中心的副主任潘兆明商量好了，欧美各国的都到你北大，东南亚的希望尽量介绍到我们这来。大国的都到北大，小国的都到我们这，那就做起来了。当时副校长应启瑞①觉得这个好，极力支持，搞了对外汉语，这个对外汉语中心后来发展成国际交流学院。我到学校碰见王庆国，现在的院长，我半开玩笑说你这个学院当初是从我们这生长

---

① 应启瑞（1937 年生）：1983 年调入深圳大学电脑中心（现信息中心），1986—1996年任深圳大学副校长。

出来的。他说：我知道，我知道，第一任院长就是国际文化系出来的郁龙余嘛。

吴予敏①也是中文系的，当时就是大众传播专业②，一个专业发展成现在的传播学院，当初是一个新兴学科。当时是中文系的一个专业，就从这开始的，现在成了大学院。现在我就感到遗憾的是，当初我们还想搞一个旅游学院，1989 年的政治风波冲击，未办成。当初华侨城的马志明③老总，我跟他关系非常好，马志明不断地拉我说，将来能不能发展一个旅游文化专业，要我跟他合作，他出钱。当时是罗征启当校长兼党委书记，1988 年，就是国际文化系成立了之后，我带马志明找罗征启面谈。他（马志明）那时就搞锦绣中华，民俗文化村。他说，我帮你在深圳大学做一个点，发展雕塑园、艺术走廊，以后旅游也到深圳大学来，能不能发展成一所旅游文化学院，把文化建设和人才建设沟通起来，发展起来了就为我华侨城培养了人才。所以当时我们就在国际文化系增加了一个旅游专业，章必功开设了一门中国旅游史，郁龙余开设了旅游文化课。然后郁龙余把北大的陈传康④也请到这儿来，在深圳做整体考察，看怎么发展深圳的旅游事业。我们强调文化旅游、国际交往，吸引外国人来。当时是这样子，讲好

① 吴予敏（1954 年生）：1990 年创办深圳大学广告学本科专业，1995 年推行广告学课程系列改革，2006 年任深圳大学传播学院院长、党委书记。

② 大众传播专业：1985 年，深大以夜大（大专）形式创办了公众传播专业，1988 年大众传播系成立，1991 年合并国际文化系和大众传播系，成立中国文化与传播系，后发展为传播学院。

③ 马志明：原香港中旅集团总经理，被誉为"中国主题公园之父"，为深圳市的旅游用地规划做出了重要贡献。主持规划了"锦绣中华民俗文化村""世界之窗""欢乐谷"等，造就了全国著名的华侨城公园景区，使得深圳成为全国著名的旅游城市之一。

④ 陈传康（1931—1997）：北京大学城市与环境学系教授、博士生导师。我国最早从事旅游地理研究的地理学者。

了的，后来，到 1989 年那场政治风暴一来，就没有贯彻下去。

1988 年 9 月，国际文化系改名后，胡经之召开系主任会议谈论国际
文化系的发展方略，陈乃刚参与讨论

（从左至右：章必功、景海峰、胡经之、郁龙余、陈乃刚）

1988 年 10 月，中国文化与传播系主编出版
《旅游文化丛书》，会上讨论成果

（左二开始：郎丰生、胡经之、陈乃刚、郁龙余、章必功、景海峰）

如果弄得好，能发展一个旅游学院。马志民后来急着要办旅游学院，就只好去广州，就找了暨南大学，那个旅游学院后由暨南大学到深圳来办，但开始的时候是找的我们。当时国际文化系，我受马志明的影响很大，马志明经常给我灌输："深圳要搞文化，就要从国际旅游文化开始。"现在来看，我们国家意识到了这个事儿，现在文化部跟旅游部合起来啦，原来的文化部，不管旅游的。现在把旅游局、文化部，合在一块儿了。深圳也早这样做了，把文化、体育、旅游结合在一起。当初办国际文化系，我受马志明的启示多多，若后来没受冲击，这个旅游学院就是我们深圳大学的。可惜啦。

1991 年成立大众传播系后讨论专业发展方向
（从左至右：熊源伟、章必功、胡经之、郭纪金、陈乃刚、余明阳）

难忘创业情

到深圳来的 20 年间，前前后后合作过很多同事，特别是我们中文系，交往最多的，一个是吴俊忠，一个是郁龙余，这两个是交往最深的。郁龙余是和我一块儿来的，当初他是北大的年轻教师，季羡林的高足。我们本来就很熟悉，和他的夫人郑亦麟也很熟悉。他那对双胞胎女儿，我是看着长大的，后来郁秀写了《花季雨季》，我当时是深圳作家协会主席，为她写了评论，向全国大力推荐。当时他们夫妻老调不到一块儿，他的爱人在福建。所以我就把郁龙余首先推荐给汕头大学，档案都过去了。但是我转一圈回来后，我们要到深圳大学来，他说他也要到深圳大学来。来了之后，很多事都是他参与的，他是助手，是我这个系办公室的主任。先后当副系主任的张卫东、章必功、景海峰都是从北大来的，校园里把我们这些人戏称为"北大帮"。但郁龙余很能团结人，在章必功之后，他接任系主任，后来也成为文学院首任院长，不久又受命创建国际交际学院，当首任院长。

还有一个就是吴俊忠①了，我们最早熟悉接近起来，是在国际文化系成立以后，办研究生班，办特区文化研究所，他先是当我这个所长助理，后当副所长，实际上由他来主持工作。副市长林祖基说要跟深圳的文化界多交往，我重视了。既重视国际交往，也重视深圳本土交往。俊忠教外国文学，重视国际文化交流，又重视深圳本土的文化交往，所以很多（工作）他都参与了。我们1988年、1989年办了一个研究生班，两届，深圳市的文化局局长、文联的秘书长、专业作家都有来的，前后20多人。那时主要是俊忠来办这个事，当时开办的时候我把罗征启拉来了，让他直接面向深圳的学生。罗征启当场就对大家说，要改革开放，办研究生班，他大力支持。他说，只要你们将来写出论文

---

① 吴俊忠：1987年调入深圳大学中文系任教，历任中文系副系主任、文学院党委书记、《深圳大学学报》常务副主编、社会科学处处长。

合格通过，甚至可以给大家发硕士学位，发深圳大学的。这改革在当时了不得，真说得上自主创新，后来，我又把这个事跟林祖基说了，当时这位主管文教的副市长大加赞赏。他对我说，深圳就是要敢闯，招研究生，教授通过，你校长给文凭，我深圳承认。所以这些都是改革开放的创新。俊忠积极参与了此事，所以吴俊忠跟深圳的文化界有着广泛的联系。你看到现在深圳文化界还老请他出去做报告。

还有一个人，陈乃刚①，我要提一下他，这个人是从中山大学来的，他不是北大的，他是中山大学 60 年代的研究生，后来支持新疆，到新疆去了。这儿创办大学，他就是这儿人，所以回来了。陈乃刚，年纪和我差不多，算同辈。这个人勤勤恳恳，不太讲话，但是很踏实。我主掌国际文化系，他是第一个评上教授的学者。我召开系务会议，常请他参加，我们就日益熟识了。他也常为我说道广东的风土人情，生活上给我指点。1985 年初夏，正是荔枝上市季节，深大一下给我送了三袋荔枝，校办给了，系里给了，党办给了，三份。当时也没有冰箱，我就从早到晚慢慢地吃，把三份全吃光了。我边吃边数，那天一共吃了三百颗，足足有十斤。第二天，碰见陈乃刚，他就问我吃荔枝了没有？他说，他吃三颗，不吃了。我说，我全吃光了。他大为惊讶，他说你怎么吃那么多，有什么反应？我们广东人吃几颗就不吃了。我说这有什么奇怪，苏东坡吃过十斤，他诗里面不是讲了一天吃三百颗，他愿意做岭南人，对不对？有这个诗的，陈乃刚说这是夸张，那是诗的夸张，我说不是夸张，我证明了，因为我吃了三百

---

① 陈乃刚：1984 年由市培训中心调入深圳大学中文系任教，后主持编纂了《深圳市志》。

颗，一点反应也没有，舒服极了。那年暑假，我去惠州考察，特别想沿着苏东坡的行迹路径亲身体验一下罗浮山风光，乃刚陪着我去，有人告诉他，那里真有些人一天能吃三百颗左右的荔枝，乃刚这才相信苏东坡是写实。他就住在南头，我也到过他家里，破破烂烂的，那是民居。当时深圳市要编深圳市市志，他们请我当顾问和总审稿人。最后有一卷风俗志，新增加的需要编。我们就推荐陈乃刚，因为他是本地人，很适合，负责主编风俗卷。他是勤勤恳恳，真实去做了调查，到处去走访，可惜他病倒了。所以这个人，他连高层楼，新的房子都没有住进去，他告诉我他在南头已经买了新房子了，在当初是第一栋高楼，正在装修，还没来得及搬进去，就去世了，白血病。风俗卷也没有完成，但是接

中文系的教师

（左三开始：吴俊忠、景海峰、褚玉龙、张卫东、胡经之、章必功）

着就是郁龙余来完成了此卷。所以你说这样子的老师，给我的印象始终还留着，对工作勤勤恳恳，对深圳市也做了贡献。

博士生导师

1993 年我 60 岁了。深圳还是个年轻的城市，规定无论公务员还是教师，60 岁都要退休。那时我已经开始做准备，60 岁退休，那多好，就可以自由自在开始养老啦。但是就在这个时候，国务院学位委员会通过我成为深大第一位自行产生的博士生导师。当时博士生导师要学位办通过，要国务院通过认定。要当博士生导师，才能带博士生。那时，国务院对博士点的设置有严格要求，特别重视博士导师的选拔，必须先选定导师，这必须通过国务院学位委员会，然后才考虑博士点。当时北京只有两个文艺学博士点，一个是中国社会科学院文学研究所，蔡仪通过了博士导师资格，就有了博士点；一个是北京师范大学中文系，导师是黄药眠，所以也有了博士点。北京大学中文系在 1983 年正要评审时，杨晦去世，没有来得及评上导师，所以也没有文艺学博士点。1987 年再次评审时，（北大）中文系主任严家炎要推我当学科带头人，但就在那年，我离开了北大。我到深圳大学后，国务院学位委员会办公室副主任奚广庆到深圳来找我了，他说，北京几位学者要推我为博士生导师，但深大是新校，还不能设博士点，怎么办？他劝我和暨南大学副校长饶芃子①两个人合作带头，

---

① 饶芃子（1935 年生）：暨南大学中文系教授，博士生导师。曾任暨南大学副校长、中国世界华文文学学会会长。1981 年协助创立暨南大学文艺学硕士点，使暨南大学中文系成为国务院学位办第一批硕士学位点的授权单位。1993 年领衔建立暨南大学文艺学博士点，在国内首创"比较文艺学"学科。

申报博士点，只好设在暨南大学，但深大可以设分教处。我同意了这个方案。最后，国务院学位委员会通过了我和饶芃子成为文艺学博士生导师，华南也有了第一个文艺学博士点。这么一来，深大的领导做了研究，立即向市府打了报告，声称深圳大学创办近十年，校长蔡德麟①说："好不容易我们才有了第一个自己产生的博士生导师，你深圳市却要他退，要被别校当笑话，胡经之刚通过博士生导师，不能退。"深圳市人事局作为特例，批准为我延聘，继续在岗。从1994年开始，那我就开始带博士生了，挂在暨南大学，这儿成立一个分教处。我说："我不到你暨南大学去，我带博士生就在这儿带。"这一晃就是10届。我是2004年退的，我在暨南大学带了10届，但退休后中山大学刚设立了文艺学博士点，又请我去担任那里的博士生导师。我只在中山大学带了一届，只带了两个人，其中一位毕业后去了中国艺术研究所当博士后，还有一位就是文化产业研究院的黄玉蓉，是我最后一届。2004年，我71岁的时候，深大上报说我还不能退，因为我还在中山大学又招了博士生。深圳人事局就说：深圳人才要年轻化，60岁都要退，胡教授是一个特例，深圳至今年已经没有70岁还没退的。我一听，那我们这些老朽，对深圳已没有用了。我当机立断，立即办了退休手续，乐得自由自在，何乐不为！所以我是71岁退休的。深圳在岗20年，如今离岗十四载，但在这里养老，所以只能自称深圳居士了。没有想到，在我退休后的十多年里，竟还发生了不少精彩的故事。因为不需要带学生了，不必再围着文学艺术来言说，可以博览群书，自由阅读，眼界更开阔

---

① 蔡德麟（1935—2017）：著名文化学者、哲学家，清华大学深圳研究生院人文研究所常务副所长。1992年出任深圳大学第四任校长，1994年任深圳大学党委书记。

了。北京的报刊不时约我写些文坛、学界的回忆，我写了不少像《美的追寻》这样的学术性散文，竟有二三十万字。海天出版社把我这些散文加上以前写的旧作，共有近400万字，出了《胡经

台港文学讲习班开学典礼

胡经之老师在草坪上给学生讲课

之文集》五卷。随后，复旦大学出版社为我出版了《文艺美学及文化美学》，中山大学出版社为我出版了《胡经之自选集》，山东文艺出版社为我出版了《胡经之美学文选》。广东省在2015年把我评为"广东省优秀社会科学家"，深圳大学新成立了美学与文艺批评研究院，我又被聘为学术顾问。读书、写书之外，我又重新参与万里行。我先是去了故乡苏州，参加了太湖世界文化论坛首届国际年会，后又去北京参加了世界第十八届美学大会；2010年，中俄举行汉语文化年，我和著名歌唱家李光羲、北大中文系主任严家炎等一同去了莫斯科、彼得堡，参与文化交流活动，还泛舟伏尔加河、波罗的海，实现了年轻时的美梦。但这都已是后话，不及细说，就此打住。

采 访 后 记

2018 年 4 月，正值初春时节，胡经之老师在深圳大学档案馆接受了我们的采访。谈及初到深圳、文学系（现文学院）的创办，先生侃侃而谈，建校初期的那段历史如同画卷般悠悠展开，言语中我们感受到先生严谨的治学态度、乐于奉献的精神以及脚踏实地的工作作风。谈及期望，他讲道："我对深圳大学有一个期望。我说深圳大学是深圳最早开办的，是学科齐全的综合大学。深圳现在的大学越来越多了，但都不是综合大学，包括南科大，也不是综合大学。所以我希望深圳大学不光要大力提升自然科学、社会科学的水平，也应该同时注意提升人文学科的水平，这样子才能够进入一流大学行列。现在北大清华都在这样做，所以这也是当初办深圳大学的初心，所以勿忘建校初心。你想想，张维院士他自己也是搞自然科学的，他都那么重视，一定要办中文系，一定要发展人文学科，我就在他的鼓励下留下来了。深大人应该德智体美劳全面发展。我特别重视四点：第一是乐读万卷书。乐，快乐的乐，就是愉快地读万卷书；第二就叫作好作万里行，就是要爱好走万里路，走向世界；第三是，心向真善美，要追求真善美；第四，最后一点，敬重天地人，对天地要敬重。希望我和深圳人、深大人共勉。我这个人，不过是一棵'江南岸边草，苍茫一书生'，但有自己的追求，那就是'乐读万卷书，好作万里行，心向真善美，敬重天地人'"。

乐读万卷书　好作万里行
心向真善美　敬重天地人
和深大人共勉
八五老人　胡经之
戊戌年春

胡经之老师题写的寄语

建造梦想中的图书馆

　　"新校址完工前，图书馆就设在宝安县委大院的一间小房间里面。我要建成的梦想中的图书馆，一定要实现。"*

---

　　* 郑会钦，1936 年生，广东汕头市人。1962 年于北京大学图书馆学系毕业后，在中国科学院图书馆工作。1983 年秋调入深圳大学图书馆，曾任图书馆副馆长、馆长，1998 年退休。

与北大图书馆学系结缘

我的籍贯在汕头。小学、中学都是在汕头市潮阳县上学。1958 年我高中毕业，高考时报的是北京大学图书馆学专业。那时年轻，考虑问题比较实际，一方面当时农村合作化家里缺少劳动力而经济不太好，想读完大学尽快工作养家，就填报了北大年限最短的图书馆学专业。那时北大的专业中，只有图书馆学和经济学专业是四年制的，其他专业都是五年以上的，而且在全国只有北大和武大有此专业。招生报上介绍毕业生多数分配在大城市的高校、科研、医院和部队的大图书馆就业。另一方面家乡汕头没有大学，也想过报考广州地区的大学，但觉得交通不是很发达，坐汽车也要一天一夜，虽寒暑假可以回家，但经济上也难以支持。后来广东教育学院给学校一个名额，学习两年可以回校工作，我也放弃了。最后决心报了北京大学，有了求学四年不能回家探亲的思想准备。究其原因，还有一个很重要的想法。父亲生前的经历和教导在我少年时产生了潜移默化的影响。1860 年汕头开埠，成为对外贸易的重要港口。我父亲 16 岁时就外出打工谋生，在外籍轮船上辛苦工作了十几年，到过日本、菲律宾诸多地方，最终当上了船上的管事，还学会了英语和一手西餐好厨艺。离开轮船后，他跟着外籍人士去过上海、天津和北京，负责他们日常的餐饮工作，其中在北京待的时间最长。小时候，他常给我讲北京的风景和故事，希望我长大后有本事去北京看看。考大学时父亲已去世，我想去他去过的地方看看。再者，中华人民共和国成立后，北京是国家的首都，是政治、文化和科教的中心，北京大学又是京师大学堂的前身，是每位学子向往的最高学府，所以我决心考上北京大学。

我考上北大后，面临家里的亲人如何照顾的问题。家里年迈的母亲、妹妹和香港姐姐的8岁儿子，我只好托村委会工作组和比较要好的同学照顾。全靠助学金，我念完了大学四年，毕业前一年，我的妹妹出嫁，母亲和外甥去了香港姐姐家，于是我就留在了北京工作。中科院图书馆专门到北大挑人，我是被挑选出来的6个人之一。

1962年郑会钦（中）与同学留影于北大未名湖畔

我与中科院图书馆

中科院是培养无数科学家的殿堂，是千万科研工作者勇登科学高峰日夜奋战的所在地，也是两弹一星等科研成果的摇篮，能在这里工作，是十分让人向往的。中科院图书馆藏书量居全国前列，藏书中有大量的线装书和古籍，其中不少是善本。不仅为中国科学院各研究单位服务，还为北京各部委和全国研究单位服务，还提供国际交换互借服务。工作人员拥有各学科专业，学历高中低齐全，世界各语种齐全，光留学生就有一二十人。我当时还年轻，才20多岁就工作了，开始实习一年，只能做些业务流程和最基本的读者服务工作，如读者登记、书目查询、借还书等工作。工作中有机会接触到了各研究所、各学科的广大科研人员，尤其是知名科学家，他们是图书馆的常客。院领导郭沫若、吴有训、竺可桢和数学家华罗庚、陈景润等，也常来借阅书刊。

工作一年多后，1964年春，国家刚渡过困难时期，农村急需恢复生产和秩序。我被中科院选派至安徽省肥东和肥西两县开展社会主义教育和劳动锻炼。1964年冬，全国开始了四清运动，我又从肥东县转移到寿县参加四清工作队。1965年回到单位后，我被调到党政办公室，帮助整理人事档案。结果后来又爆发了"文化大革命"，当时我们很多工作都停了。图书馆有个图书采购部门，我向采购部门建议把这段时间社会上出现的小报和书刊等资料收集起来，有十几人分工到街上和单位收集，我负责到西郊中关村的大学里收集。那段时间收集和整理的资料成为后来图书馆"文革资料"里的馆藏特色。

"文革"后期，军工宣传队进驻学校，中科院也不例外，我被调到图书馆机关军工宣传队做党办工作。不久后开始了知识青年上山下乡运动，机关干部和事业单位职工也要下放五七干校边劳动边学习，我被指派到"中科院第三期河南省信阳罗山五七干校"任第六连指导员，白天从事盖房子、种菜、养猪等生产劳动，晚上学习或开会。在干校期满回京后，我仍在政治处负责学习和宣传工作。

从毕业到图书馆工作将近 10 年的工作中，虽然我在思想上得到了锻炼，但在专业上却收获甚少。于是，我向领导提出到业务部门工作，于是被分配到图书馆的社会科学服务部负责文献书目编译和宣传推广工作。再到后来，我就到深圳大学来了。

来深圳的原因和困难

当时国家提出"改革开放"，对外开放的方式就是设立特区。作为一个广东人，我听说广东深圳要成为特区，心里非常高兴。一方面，国家富强，广东老百姓也能过上好日子；另一方面，我也有机会可以与家人团聚。

当然这次"南调"并不是没有遇到问题的，因为我太太是北京人，她的双亲也在北京，当时孩子还在上中学，我不能一个人说走就走。于是我领了表格回去跟我太太商量了，我太太是比较支持的。当时有一个政策："南调可以暂时不迁移户口"，两三年后要是不愿意留下可以回北京原单位。这个政策太重要了，有了这个政策后许多人才敢放心来深圳工作，毕竟当时到深圳什么都没有，而在北京，很多人有家室、有房子，条件都不错。

还有一个困难来自自己单位。当时我是社科部主任，再升上去就是副馆长了。当年正逢单位领导换届的时候，已有群众推荐了我，单位领导也一直劝我留下。过去组织上还有个政策，单位之间工作调动只能平调或者升职调动，我当时在北京是处级干部了，所以深大招聘组的李业盛处长明确告诉我，我是深圳大学图书馆筹建负责人之一，也是处级干部，给单位的招聘函中也明确，单位终于放人了。

深圳虽然被设为经济特区，但当时还只是一个乡镇，各方面都在筹备建设中，急需人才。我犹豫了很久去哪个单位工作合适，招聘结束的前一天，我去北京和平里劳动人事部看了一圈，一眼就看到深圳大学筹建办来北京招聘教师和专业人员。一个新兴的城市能够有决心同时抓经济、教育是不容易的，于是我更坚定了信心。建立一所大学一定要有图书馆，与我专业对口，并且作为"白手起家"的大学，一切都是崭新的开始，好似一张白纸，可画最美的画一样，我就有机会发挥自己的才干，实现多年的梦想。我要在这所崭新的大学里，建一个跟国外一样的、比较像样的图书馆。1983 年 8 月，我放弃了原科学院安排的青岛休养，买了车票就来了深圳。

我与深大图书馆的建设

深圳大学建校，身为特区唯一最高学府的深大，必然要建一所像样的图书馆，一个先进的国内外一流水平的图书馆，这是建校初期来自清华大学的两位校长的共识。张维校长在开学典礼的讲话里就谈到了：图书馆是学校的心脏和学术中心。校党委书记兼第一副校长的罗征启教授说："图书馆是教学的重要组成部分，学生除了上课以外，图书馆就是第二课堂了，一定要搞好学术的阅读服务。"两位校长在重视图书馆建设这件事上给我留下了深刻的印象，罗校长是学建筑的，他太太梁鸿文老师也是非常有名的建筑师。我在北大上学时就知道，清华大学建筑系有个图书馆设计室，所以深大图书馆保证能建好！

深圳大学图书馆，罗征启校长倾注了许多心血，亲自把关校园规划中的选址和设计，将图书馆建在了校中心广场北坡最高处，东西两侧是教学楼和办公楼，从学校正门往东一线上是：办公楼、图书馆、教学楼、学生生活区，师生东西往来不息，充满人与知识交融的景象，当时有位访问的香港学者感叹说："真是风水宝地，将是地杰人才旺也。"

图书馆远景

再说回当时的建设工作，新校址完工前，图书馆就设在宝安县委大院的一间小房间里面。我要建成的梦想中的图书馆，一定要实现。1986年前，我太太孩子还没来深圳，那三年我就全力以赴地工作，晚上不看电视，专心准备图书馆建设所需的材料，我要写一个任务书，把设计成什么样的图书馆的任务书交给建筑系和设计院，最后由罗征启校长来把关。这个过程大概要花半年多的时间。我在北京中科院图书馆工作时，馆舍建设的筹划我也参与其中，我对这次深大图书馆的建设是十分重视的。当时很多学校为了做馆舍建设的设计，还到国外访问，清华大学建个新馆都要去国外转好几次。但是深圳大学的筹建工作很紧张，我没办法去那么远的地方，也没有经费支持，于是我写了一封信给我北大的同学，他是中国科学院图书馆同事彭育东。他当时就在香港，回信邀请我和设计院陈正理工程师过去香港参观两三天，经费由他负责。我们参观了香港几所大学图书馆，感触很大，我更加坚定了要建好深圳大学图书馆的信念了。

图书馆要建好，以下三方面不可缺少。按照图书馆学专业理论来说就是三大要素。

第一，图书馆的馆舍。没有馆舍，谈不上是一个真正的图书馆。因为当时如期开学是首要大事，所以深大筹建时把教学楼建设摆在第一位，然后再建办公楼、图书馆。我写完任务书，经来自清华、北大、人大、中大等专家参加的论证会，以及罗校长审查通过后，就开始建设馆舍了。当时市里给图书馆留了2万多平方米的场地，罗校长脑子一动，给图书馆弄了个"地下室"作为密集架书库；另外，图书馆走廊的设计也不算面积，连接图书馆和教学楼的走廊，像阳台一样，学生可以在阅览室外面走动和背书。因此图书馆最后建成的面积也有23000平方米了。图书馆的第一要素就基本解决了。

第二要素是藏书。馆舍建设得再漂亮，没有藏书怎么行！在宝安县委大院的时候基本没什么藏书。新校址一期建成后，1984年，图书馆就搬迁到刚建好的教学楼里，留了两层做图书馆藏书使用。只靠有限的经费购书，不能满足教学发展需要。当时最有效的举措就是向兄弟院校和单位"求援"，即开辟"第二战线"。校长和馆长一起行动，张维校长和唐统一馆长争取到清华北大的赠书几千册；李天庆副校长和馆领导郑鉴枢、黄祖基争取到中大、华工、华师等学校几千册书籍；我争取到中国科学院图书馆和北大同学王德安任职的东北工学院图书馆赠书合共2万册；还有香港学者赠送了一批珍贵的古籍线装书。

图书馆内景

因为张维校长在德国留过学，他跟那边的学校熟悉，所以有次去德国出差的时候就问德国的几个大学要书，还真的要到了不少。当时德国只负责把书运到德国的港口，可怎么运回来呢？这时候我想到了一个老乡赵芝雄，他是我的初中同学，先前在广州海洋局工作，后来深圳改革开放后他就来到深圳，跟深圳的航运局合作办了船务公司。德国的那批书我就是找他帮忙运输的。他说："小意思！大轮船从德国运货过来有好几个集装箱呢，都是国家需要的设备和材料，书也不重，放在集装箱里带回来就行了。"这件事情一解决，我心里的石头也就放下了。不过后来出了一点小状况，因为这轮船它要经过很多个地方，最后没到蛇口

在图书馆书架前认真看书的同学

港，反而送到青岛去了，后来才安排了办公室的张道义，他是英语专业的，懂外语，就派他到青岛把书给拿回来了。张维校长还邀请了几个赠书的德国大学的代表到深大参观，举办了一个赠书典礼，还为他们颁发了证书。当时这批书我还请了中国科学院图书馆几个懂德文和英文的人过来整理书目。后来我们有条件了才开始自己采购，早期是很辛苦的。

这买书是第一途径，要书、赠书是第二途径，罗校长还开辟了第三途径——办书展。当时香港有一个知名的书商，汉荣书局的石景宜先生，他找到了罗校长，想在深大搞一个书展，欢迎全国各地的图书馆前来参观订购。因此，罗校长、郑天伦副校长同馆领导一起前往香港同石先生面议。这个书商经常在台湾办书展，在大陆第一次办书展就是在深大。当时深大图书馆也购买了一些书籍，书展成功举办后，书商把他们用于展览用的书都送给了深大。当时一共办了三次书展，最后一次除了付部分书款外，书全部送给我们了。港台书籍当时可是宝贝，不少领导、名人和专家学者都因此到深大来查阅书籍。

1987 年台湾图书展销会

藏书对于图书馆来说是一个长期的重要问题，是图书馆为学校教学和科研服务的知识财富。别说建设的前几年缺钱，就是到了我当馆长的时候也整天瞅着这买书钱发愁，想着怎样才能多买些书。这是我自己的工作职责，也是为师生们着想。这几年市里重视，前段时间我见到图书馆现任的几个馆长，一上来就问他们关于购书的问题，他们都跟我说没问题，购进了很多新书，我说这就太好了。

第三个要素是人才。当时第一任馆长是清华大学的教授唐统一，第一副馆长是原先深圳干部培训中心的主任郑鉴枢，另外还有"八条汉子"中的黄祖基，原先是中山大学图书馆的办公室主

1986 年联邦德国多特蒙德大学图书馆和杜塞尔多夫大学图书馆向新建的深大图书馆赠送有关社会学与教育学方面的书籍，共 36000 册

任。从北京来的除了我，还有从国家图书馆来的徐绵，也是处级干部，因此当时深圳大学图书馆的筹建共有 5 个负责人。唐统一先生负责全面工作，北京和深圳两地兼顾，郑鉴枢和黄祖基主持日常工作和行政；徐绵负责抓好业务；我负责筹建图书馆。但是在了解了深大图书馆当时的情况后，徐绵就提出要离开的意愿。他虽是领导班子之一，但毕竟已经有三个馆长了，也不能确定自己能否在深大图书馆的建设过程中发挥作用，再加上他的家庭还在北京，所以就回北京了。而我本来就不介意职务，更想做的是完成自己筹建图书馆的梦想，于是我后来提出，我白天负责管理业务，晚上加班写设计任务书，为深大图书馆的筹建贡献自己的一分力量，唐统一先生同意了，我的心就定了下来，并且开始了自己的工作。

　　经过各种问题后，我们深刻地意识到了人才的重要性，所以深大图书馆建成之前，我们要抓好专业人才这个部分。于是，馆里几个负责人什么方法都用上了，到北京、上海、武汉和广州几个高校和图书馆招聘①，有些人是写信去邀请的，有几个是自己来应聘的，图书馆管理的骨架也就搭建起来了。招聘中有 8 位成为当时图书馆的中层业务骨干，为图书馆的发展打下了坚实的基础。后来，图书馆越做越好，人才也需要同步吸纳，我们就到校园里招聘本科毕业的，或者研究生。当时深圳的发展不如现在，并没有多少学生愿意来，在北大招聘的时候，我亲自去学生宿舍动员，虽然有难度，但是还是招到了不少好苗子。现在的图书馆馆长陈大庆，就是我在北大学生宿舍宣传的时候找来的，我让他毕业以后到深大图书馆工作，1986 年他硕士毕业时经北大教授介绍到我馆实习，几个月后他真的来了，分配到计算机组后就成为计算机组的骨干之一。

还有图书馆原副馆长、现任图书馆总支书记，胡振宁。这是个人才啊！1986 年本来北大研究生院、北大图书馆学系、他的导师都同意了他来深大工作，却没想到在调档案的时候出了问题。由于他是安徽人，教育部同意了安徽教育局的请求（当时规定凡当年在北大毕业的安徽省的学生毕业后要回安徽工作）。我当时到国家教委研究生处，谈了很多次，让他们了解了深圳和深大建设的需求和情况，但依旧不放人。直到后来，我回到深圳，遇到当时也是北大来的张卫东，他帮忙写了封信给他在安徽省组织部工

①　为广揽人才，郑会钦、黄祖基、郑鉴枢三人用了一个月时间走遍广州、武汉、北京、上海、杭州和南京等地，先后引进了毛卓明、叶普照、周维新、陶炼、邝缵枢、沈春梅、张道义等具有中级职称的专业人员，都是原单位的业务骨干。1986 年后，还开始招收应届硕士研究生多人……——节选自《鹏城人物》（第三卷）"孜孜不倦勤耕耘　洒下一抹生命绿——记深圳大学图书馆原馆长郑会钦"

作的同学，我带着这封信，到安徽去找他的同学。他开玩笑说："这个小子，还管闲事。"我说："这可不是闲事，这是关系到我们深圳大学未来的发展的问题。"最后写了个批条，我带着批条到安徽省教育局，他们才同意放人。这说明要个人才不容易啊！

深大图书馆在筹建完成后正式上线，面向深大师生开放。当时国家教委对图书馆的开放时间是有规定的，如每周需要至少开放时长78小时，深大图书馆开放时长可以说是全国最长的，超过100个小时，老师白天、晚上轮流值班，目的就是满足师生们阅读的需要。有一次谷牧到深大来参观，恰逢春节期间，看到灯火通明的图书馆时赞不绝口，后来在广州开会的时候他再一次提到了这件事情，说深圳大学图书馆改革走在前沿，给他留下了深刻的印象。

夜晚灯火通明的图书馆

1987 年 5 月《深圳特区报》报道深圳大学图书馆

深大图书馆的创新之处

当时图书馆馆舍正在筹划，书籍收集和人才收编的工作也在同步进行，如何建成理想中的图书馆？这是一个难点，也是深大图书馆创新的地方。

首先，深圳大学的馆舍布局由传统的藏书与借阅分离的封闭式管理，改成"藏阅合一"的开放式管理。传统的图书馆内部分为书库、目录室、阅览室三部分，这决定了传统的借书方式，读者要出示借书证，在目录柜上选取要借阅的书籍并登记下来，交给图书馆的工作人员，由工作人员从书库中提取书籍交给读者，完成整套借书的流程。在建设深大图书馆时，我们详细考察和分析了这种传统的借阅模式的利弊，由于读者不能事先翻阅书籍，很可能出现"标题党"的情况而出现借到的并不是自己需要的书籍或错过一些书目，同时也给图书馆的工作人员造成了一定的负担，工作人员常常需要往返于书库和前台。于是在撰写图书馆建设的任务书中，我们尝试将传统模式转变为"藏阅合一"的模式，即是将把藏书跟看书、选书整合在一起，过去将这种模式类比称为"超市模式"，和在超市购物一样，读者在书架上选择书籍，图书馆的工作人员只需要在前台等待读者将心仪的书籍拿过去登记，一方面可以让读者"精挑细选"，另一方面也节省流程和工作量，达到了方便读者和图书馆员工的目的。所以原来准备

有别于传统闭架式（藏书与阅览分开）的开架式（藏、阅合一）管理

摆放在二楼的几十个目录柜都去掉了，实现了"自动化"。

另一个创新的举措，就是研发系统，使用电脑管理。馆舍、藏书和人才三要素具备了，最迫切的任务是管理上要进行革命性的改革，用计算机代替繁杂的人工操作，最终才能成为现代化的图书馆。当时全国还没有先例的。的确也有人在做研发，但是都还没有成功。我们在筹建图书馆时就想到了这个问题，但是再难我们也要攻克它！当时校领导、馆领导都十分重视。我负责课题小组规划时，针对各项业务的功能要求，写了实行计算机管理的目标和各阶段的任务及方案，其间在清华和我校召开了多次专家论证会议。学校专门安排图书馆电脑部主任毛卓明，加上学校电脑中心负责人应启瑞副校长指派的电脑中心徐秋生、崔晓松组成三人设计小组，后来北大毕业研究生陈大庆和胡振宁也先后加入。经过两年来的努力，终于在 1986 年 4 月至 11 月完成借还书管理系统的研发，在当年 12 月 10 日馆舍启用时正式投入使用，实现了 9 万册已编图书的计算机管理。这是一件轰动全校师生的大喜事，大家纷纷前来参观和使用。过去办理借还书手续一般需要 15—20 分钟，甚至超过 30 分钟，而计算机办理，使用光标输入条形码的方法一般只需要几秒钟。据当时统计，每年为读者办理借还书 25 万人次，约 50 万册，年平均图书流通率近 80%，取消了过去使用的 15 套共 300 万张目录卡片，在计算机上完成打印书标和条形码。1987 年 6 月，先后又完成了图书采购、编目、馆藏检索和期刊管理的各子系统，建成一套完整并实用的"深大图书馆计算机集成系统"，在全国高校图书馆中率先实现使用计算机管理。同年 12 月，该系统还通过了国家教委的鉴定，受到专家好评。不到两年，该系统就被广东省内外和美国盐湖城家谱学会图书馆、香港中文大学中国文献资料中心等 20 多家单位

"移植"应用。由于首创和社会应用效益显著，1989 年还荣获国家颁发的国家级优秀教育成果奖和省级二等奖（1991 年）及市科技进步二等奖（1992 年）。这是建校后获得的第一个国家奖项。

工作人员对图书进行磁性处理

图书馆"藏阅合一"的开架布局、计算机自动化管理和消磁借阅书籍等做法可以说是国内高校图书馆中"第一家"，这种模式推出之后被多家图书馆考察采纳，可以说是深大图书馆的一大创新了。

在图书馆的图书管理上深大图书馆也有创新之处。由于图书馆开馆服务的时间超过国家教委规定时间，而且实行开架借阅图书，每天都必须将凌乱的图书进行顺架整理，这就导致人力不足。于是我们就招聘学生来帮忙，这也是深大的一大特色——"勤工俭学"。由于学生在深大上学需要缴纳学费，因此为了解决学生的学费和生活费问题，学校开设了多项"勤工俭学"岗位，于是深大图书馆也开设了相应的岗位。实践证明，深大学生也在深大图书馆的发展过程中发挥了重要的作用。像图书馆搬迁工

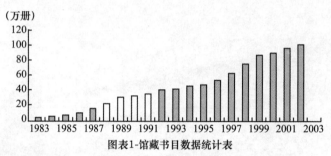

图表1-馆藏书目数据统计表

注："书目数据库"包括中外文图书、非书资料及已装订报刊等，不包括电子图书。

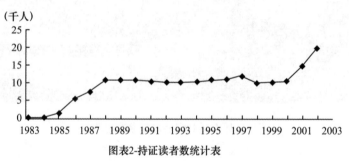

图表2-持证读者数统计表

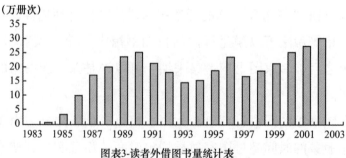

图表3-读者外借图书量统计表

历年统计信息表

作，从教学楼搬迁到新馆需要在短期内完成，但是图书馆藏书多，需要大量的人手，所以学生就帮了大忙，搬书搬桌椅，力气大，花时间也短，很快就把搬迁的事情搞定了。学生也跟老师在相处的过程中发展了感情，毕业之后继续留在图书馆工作的学生也有，大家感情都很好。

在建馆初期，除了招聘十几位具有中级职称的业务骨干外，还开始招进了十多位较高学历的年轻硕士，为今后图书馆建设发展打下坚实的基础。当时还有一些低学历辅助人员、按政策的随迁家属，罗校长提出图书馆引进的老师和职工与学校的老师有同等待遇和升职的规定，但人员必须具有大专学历以上。按照学校的要求，图书馆就利用学校成教学院夜大学教学的优势，经学院和省教委同意，就办了若干期图书馆专业大专班，这不仅使我校

1989 年"图书馆计算机管理集成系统"项目

注：该项目荣获国家级优秀教学成果奖和省一等奖，是建校后深圳大学获得的第一个国家奖。

一些只有中学水平的人员实现大专化，还为校外的图书馆和社会青年培养了不少人才，这也是一大创新举措。

1988 年 2 月，《人民日报》报道深圳大学图书馆

注：深圳大学在国内高等院校率先实现图书馆业务管理计算机化，是我国图书情报业务管理现代化的一项重要成果。

退休生活

1986 年我到了退休年龄，由于学校换届还有两年，所以我就晚退休两年。回顾自己的工作生涯，说心里话，我在深大的这一段要比在北京更忙、更紧张。因为面对的是全新的挑战：筹建馆舍、招聘人才、研究电脑、寻求新的管理方案，这些对于我来说有些成就也的确有点压力，所以退休了我也就好好休息了，不过也时常跟馆里的人有交流，同时也参与了广东图书馆协会专家组的工作，常到广东省的各大图书馆调查研究并提出意见。这是我退休后做的比较有意义的事情。

这后两年，我也做了一件对图书馆事业有益的工作，就是图书馆专家编印了一本有关图书馆编目的著录规则和标准的技术书籍，同时需要给图书馆工作进行辅导和培训，我主动承担任务，在本馆和上海、成都多地举办培训班和发放证书。其间聘请国家图书馆、科学院图书馆和省中山图书馆的专家面授，受到图书馆各界领导和业务人员的欢迎。

还有一件事必须提及就是给潮汕子弟办班。当时 1986 年、1987 年学生考大学特别难，有些人差几分考不上大学，但是都想上学，他们听说深圳特区成功筹建了深圳大学，纷纷想了解如何才能来深大读书。我告诉他们有夜大，他们不想上，想要上白天的课。后来我思考了半天，想到了汕头当时建筑业比较发达，在深圳有好几个汕头地区的建筑队，那么我就去找罗征启校长商量说能不能办工民建专业①，就学建筑。我分了几步把这个班给办成了。首先是教学方面，深圳大学也是有成人教育学院的，廖汉光是院长，他与我同时间到达深圳，我把这事与他说完，他也同意了，毕竟成教学院人手充裕，开设班级不缺人才，同时也可以收取一定的学费。他到省里一说，省里也同意了，教学上就由土木工程系遇平静主任安排一些讲师、教授在自己不需要授课的时间段里上课。最后一关在罗征启校长这里，他人很好但是同时也十分严格，我就跟他又说情又说理，最后也就办成了这件事情，给了这些孩子一个读书的机会。许多人毕业后成为各行各业的有用人才。这届工民建班同学毕业 10 周年、20 周年、30 周年时，同学聚会还邀请我参加。他们一再表示对深大的感谢！我们也很

---

① 工民建：工业与民用建筑。

开心。

回想当初在北京的工作和生活，没有理由非到深圳发展不可，但冥冥之中，好像主要理由就是特区改革开放的浪潮和学校充满改革创新的气氛终使我安下心"创业"。建校初期两位清华来的校长对图书馆的重视，罗校长不仅在学校规划中将图书馆放在教学中的重要位置，还采取一些针对性的政策和措施，同我梦想中的图书馆理念相同。回想当年，感慨万千！

三十多年的时光飞逝，在我任职的前十五年中，图书馆的使用功能布局和计算机管理实现了现代化。建设中的改革和创新在全国高校图书馆中有一定的影响，出于领先水平，为后来的发展打下了基础。我退休后的二十年，图书馆有了更加先进的发展，成绩丰硕。在馆舍、藏书、人才储备和管理上均有较大的建树。不仅在后海校区新建了南馆，还在西丽校区建设了中央图书馆，加上旧馆，面积总计将近 9 万平方米；图书增加到 400 多万册，报刊 2000 多种；还有港台书籍、深圳大学文库、再版古籍等特色资源；拥有电子资源数据库 381 种，含电子图书 260 多万册，全文电子期刊十多万种；镜像和自建数字资源存储量达 169TB。近 10 年来图书馆重视图书馆学、情报学、文献学的科学研究，正在向数字图书馆和研究型图书馆的方向建设和发展。

如今，社会各界对深大的评价越来越高，我是真心为深大这些年的进步感到高兴。先前的人打下了牢固的基础，再加上现在的努力，没有把"老本"给忘记了，都值得表扬。像我们这些退休的老人，心里也非常怀念着深大，也希望深大越来越好！

采 访 后 记

　　2018 年末，我们在档案馆架设摄像器材，紧张地准备着郑老师的采访。直到郑老师出现在采访室门口，我们才从繁杂的准备程序中抽出身，赶紧将 82 岁高龄的郑老师迎到座位上。郑老师不喜欢给人添麻烦，他坦然地笑着说："我除了耳朵不太好，其他都没什么问题。我自己坐公交车过来的，平时我也是这样自己坐车出门。"郑老师戴着一顶军绿色棒球帽，着装中也透露着他年轻、不服老的心态。他说："我的出门'三大件'，眼镜、烟，还有手机！"我的眼前似乎浮现出一位戴着老花镜，燃着烟，坐在摇椅上，眯着眼看报的形象，猜想着郑老师在家一定是这般模样吧。爱看书的郑老师这辈子大部分时光都待在了图书馆里，与图书做伴，享读书之乐。即使到现在，他依然保持着读书看报的好习惯，他说道："虽然我不会上网，但从报纸上我也能知道深圳大学这些年的成绩。我真心为深大的进步感到高兴。现在深大也没有把'老本'忘记。"

篆刻深大印记

  "人生苦短，不过百年，而石古万载。我们在这块石头面前，就只是匆匆过客，因而'古石无声'。"*

---

  * 郭西元，1946 年出生于山东省诸城市，1969 年毕业于南京艺术学院美术系。深圳大学教授，文人画研究所所长。

受邀深大

深圳大学艺术邮第一代竹楼入口

1984 年 10 月，我来到了深圳大学，那时候深圳大学刚成立一年。当时我在南京收到了李瑞生老师发来的邀请函，说深圳大学要成立艺术学院，邀请我来看一看。我一想挺好，那么我就来看看。

我坐火车先到了广州。我想着没有来过深圳大学，于是晚上照着邀请函上写的电话打过去，知会他们一声。我去广州的电话局挂了一个号，大概交了 5 块钱，坐在大厅等电话接通。大概等了半个小时，电话一直接不通。我问工作人员，他说那边接不通，继续等了一个小时还是接不通，我觉得还是算了。当时我想打电话让人来接，毕竟人生地不熟，所以想打通电话看看，结果根本就打不通，第二天我就背着包过来了。来了以后一看，确实有点吓人。当时只有一个教学楼、办公楼、几栋宿舍楼，都是黄泥地。等过了几天，慢慢熟悉学校情况之后，我问李老师电话打不通是怎么回事？他就笑了，解释道："学校只是申请了一个电话号码，都还没有装上电话，怎么打得通呢？"当时有很多画家为了改革的风而来，大家都奔这个地方，来看看有什么机会，我是其中之一。

艺术邨旧貌

当时住宿的条件比较艰苦，因为住宿楼还没有全部建起来，所以新来的老师都在现在的元平体育馆前①用竹子搭了帐篷睡。半夜草丛里还会有蛇喀喀响，我是北方人，怕这个东西。当时还怕老鼠通过竹子编织的门钻进来，那一段回忆的确很深刻。

可能你们无法想象，深大建校一两年，40多个来自各地的

---

① 元平体育馆：位于艺术邨旁。

画家来过深大。大家都怀揣着很多幻想，都想来看一看。当时深圳最高的楼是罗湖的国贸大厦。有个玩笑话，说从国贸扔一个纸团下去，砸到的都是艺术家。做艺术的头脑也许灵活一些，听闻深圳开放了，都赶过来找机会，追求自己的梦想。不过他们来到深大以后，发现深大时机还没有成熟，后来很多人就回去了。

还有这样一个段子：几年后，再从国贸大厦扔一个纸团，砸到的一定是个总经理。大家都是奔着来经济特区赚钱的，艺术家们也差不多都改行了，做装修的，做设计的，各行各业都有。那时候租一个房，有个电话、名片都能叫作总经理。当时的深圳大概就是这么一个局面，在经济大潮的推动之下，大家从来没有遇到过这种机遇，所以都来尝试。

我到深圳大学后，香港中文大学的朋友知道我来了深圳，说改天来看看我，我说好。当时他在香港，家里有电话，但是深圳还是要到电话局去打电话，不太方便。我让他定了时间以后告诉我，结果星期天他就来了，当时我觉得很奇怪。我问他："金老师，你怎么没有告诉我？"他说："没事，我自己过来了。"说得很客气。当时深圳大学不像现在这么好看，朋友逛了一圈，看看周边就回去了。过了三天，我接到一封金老师发的电报，电报是四天前从香港发出的，他说："我星期天上午×点钟到罗湖火车站，你能不能接我一下？"那时候深圳大学的通信就是如此的"先进"。人家来了以后，在罗湖火车站等了半个多小时，没有看到我的身影，一想可能我有事，他就打个车到深大找到我，而我没有表示去接人的意思，人家也不好说。从香港打电报过来，七天才收到。这就是当时咱们的深圳大学，不光是深圳大学，整个深圳就是这样子。

1984 年我来到深圳大学，一直到 1986 年都是没有课的。不

深南路旧貌

是不想开课，而是什么课都开不了。所以 1985 年开始，有一老师邀请我去香港中文大学上课，每星期六过去，有时候在那待一两天、三四天，再回来上几堂课。从深圳大学去罗湖关口只有一段路，就是现在的沙河路，当时那里是真的只有一条沙河，只有一段桥能过。但是一下雨，桥就会断，过路需要绕路，小巴车集在一块儿，交通极其混乱。每次到香港去，到罗湖就需要一个半小时，或者三四个小时。有一次我从香港回来，坐上公交车，晃晃悠悠的，弄得我睡着了，结果坐到了西乡，还需要坐返程车。我就这么"享受"了几年。

　　当时我们几个包括东北来的杨莎老师，一共来了四五个画中国画的画家。学校说我们是来考察一下情况的，也可以付我们临时工资。当时的临时工资有 200 块钱，算是很多的了。现在的 200 块钱在你们看来也许是一笔小钱，但是在当时是非常高的工资。但问题是我们在深大做不了什么事情，没有学生，上不了课。而且后来我才知道，当时李瑞生老师说是筹建艺术学院，但实际上并没有筹建，应该说连这个计划也没有。当时他建了一个艺术中心，艺术中心是以装修为主，是个公司。所以来了以后，大家并不是叫老师，而是叫经理。艺术中心很多都是去做装修、设计类的生意。我觉得既然拿了工资还是需要做一些贡献的，所以装修的时候需要画一幅画，我就画一张放进去，起码我就做贡献了，不然拿着工资不做事情，心里也过不去。后来夜大的工艺美术专业是我们这几位老师去上课的，而且这个工艺美术专业也一直保留到现在，办了很多年。

香港讲学

在深圳大学任教时，之前来深圳看我的那位老师邀请我去香港讲学，给他们大学的学生上课，但是我不清楚需要讲什么。当时内地和香港接触还没有这么多，我过去看了一下情况，回来和罗校长说了一下，问我能不能去那边讲学。罗校长同意了，当时手续还是比较简单的。1985 年 10 月我就开始去香港讲学。

香港中文大学的美术老师都是从台湾"国立"艺术大学那里来的，所以本身对大陆来的老师，可能就有一种天然的排斥性。我和他们的教学理念不同，我至今也是这样。我是非常传统的，认为中国画就是中国的，一定要固守中国传统这一套。我要讲究书法，讲究传统的韵味，而且要有中国传统的诗情画意，跟现在一些人主张的把西洋绘画融入中国画，搞中西融合是完全不一样。当时的香港占主流的是中西融合，甚至以西方为主。而且，在香港中文大学艺术系就有一个非常有名的台湾老师，提出一个口号：要革毛笔的命，不用毛笔。不用毛笔怎么画呢？他就用一个大水缸，在水缸里搅一下，然后用一种非常特殊的纸一蘸，就会变化出特别多的花纹，在花纹上再加几笔就完成了。但我的观念跟他们是完全不一样的。

有次上课，来了这个老师的三个学生。我上完课后，在课结束前十分钟布置作业，这三个学生也带了作业，我拿起毛笔来就要修改。他说，老师您别动，这是无笔画。因为他老师是要革毛笔的命，不用毛笔。我说你不用毛笔不行，他们当然听不进去，我就想了一个点子。我说中国传统绘画也有泼墨泼彩之说，可能你们没有看过，今天我搞一个泼彩。在纸旁边画了一棵树，画了一个小房子和小船，前面的很精彩，一大盆墨就上去了，但最重要的是我后来补的水墨林，这几笔必须是笔法也好，墨也好，画得也挺精彩。我说这个就是泼彩，和你们的无笔画不一样，假设你整幅画都是洒的，就没有能看的东西。结果这一堂课效果非常好。下一堂课那三个人又来了，带了他们用毛笔画的东西，我表扬了一下。我说按照我的要求，不但要用毛笔画画，还要拿起毛笔来练习书法。书法这个东西比画画还难，写三年五年可能感觉不了很大进步，但是长期训练，写得才会生动，才会含蓄，才会耐看，才会有表现力。后来这几个孩子一直听我的课，按照我的路子画。

还有另外一个故事。香港是个码头，码头文化确实是中西融合。西方文化进来得比较早，因为是个殖民地，西方文化进来以后，占了主导地位。但是香港有很多人对传统文化非常重视，在香港也可以接触到很多重视中国文化的外国人。我在中文大学讲课的时候，有六七个在香港做生意的欧洲人跟我课外学画画。后来他们跟我说，他们想学纯粹的中国文化，不想学已经西化的中国文化。这就是我们现在说的"文化自信"。

题写深圳大学校名

1986 年初，罗校长让我题写校名，我有点不敢相信。负责该工程的建筑系老师找到我，请求用隶书字体来写，写好后给校长看看。过了两天，我找到了校长，那时候他就住在海望楼①，在教学楼办公。我说："校长，听说你找我题深大的校名，这个事我觉得不行。"他问："怎么不行？"我说："不是说我不题，也不是说我字写得不好，但我好像有点不够分量。"他半天不说话，后来小声半开玩笑说："郭老师，你赶快写。咱们做了先挂上去

郭西元老师为《深大通讯》刊头题字

---

① 海望楼：深大早期宿舍楼。

了，以后如果有人再要给我们题校名，我们就说已经有了，还省掉一些麻烦。"于是我就题了字，从此深圳大学信纸、信封、办公用纸和档案袋上的字，全是用的我这一套，你们现在可能还能买到。后来江泽民总书记给深圳大学题了字，就把我的题字换下来了。这里体现了咱们的老校长观念还是比较不同的。

郭西元老师题写的深圳大学旧版校名

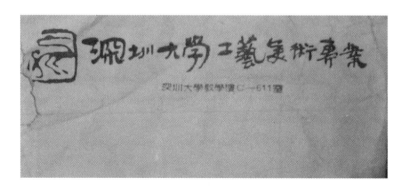

深圳大学工艺美术专业信纸版头也是郭西元老师的笔迹

最早的深圳大学校徽是罗校长的夫人——深大建筑系的梁鸿

文教授设计的。因为我书法比较好，她要我写一下"深圳大学"四个字，希望是篆书，而篆书她不会写，所以我就写了。去年档案馆的馆长也给我发了这个校徽的照片，问是不是我设计的，我说这个校徽不是我设计的，但是这个字是我的，我把自己写的字，给了设计的老师。

旧版校徽（左）和新版校徽（右）

后来，深大附中的校长请我们的章必功校长给他们定了一个校训，叫"少年心事当拏云"。章校长找到深大附中的校长，说要找我给他们题字。题了后，他们把它做到了学校门口。去年我在深圳美术馆开设的一个专栏中，请了章必功校长去做嘉宾，他讲话的时候也讲到这个事，他说："郭老师，当时没谢你，这是迟到的感谢。"

脚踏实地校训墙

当时李瑞生老师是深大艺术中心的主任，负责校训墙工程。我当时就在艺术中心工作。有一天罗校长来到艺术中心，看到我

脚踏实地校训墙

的一个书画章，就问我，这是什么意思？我说这是个脚丫子，中间有一个篆书的"地"字，寓意做人做事要脚踏实地。他觉得不错，也留下了这个印象。后来，校训墙开工，罗校长想在校训墙的中间设计点东西，于是萌生了一个想法。他让我将我图章上的篆书的"地"字改为"实地"二字，我就用书法的形式修改了图样交给他，由他定夺。后来李瑞生老师根据领导意思，将图案设计在了校训墙的中心，又在四周设计了"自立、自律、自强"，最后成了如今的"校训墙"。

那时我跟李瑞生老师一起带着一些白报纸，把校训墙粘起来了，拿着一桶墨汁，在现场动工。关于"脚踏实地"的材质，我当时的想法是用铜做。李老师觉得铜的颜色太亮了，于是考虑铸铁。我后来刚好去香港了，回来后，他就说他找到了铸铁的地方。后来弄上去我觉得还是不错的。所以说，校训墙的工程是他负责，"脚踏实地"的设计是从我这来的，我们之间有诸多的互动。

古石今人

"古石今人"

"古石今人"的石头，当时是放在了粤海门客舍①附近。粤海门客舍是深圳大学的同学办起来的宾馆，这个名字是罗校长定的，他说叫"酒店"比不过别人，就叫"客舍"。"客舍"这个名字在当时可能还是一流的，而"粤海门客舍"这个名字，是我给他提起的。

"古石今人"这块石头是从海边搬过来的，当时深圳大学海滨小区下面有一条小路，小路下去大概不到十米就是海，那边还有几户渔民。这也是李瑞生老师负责的工程。当时的校办主任张宝泉老师找到我，说罗校长让我定几个字。中文系的教授们提了

---

① 粤海门客舍：是深圳大学半工半读专科学生自筹资金兴建的一所现代化宾馆，附设酒楼、食街、商场。

诸多方案，有唐诗宋词等等，我看了一下，也没想出来该定哪个。几天后，我去找到了罗校长，我说我没选出来，他就让我再想想。后来我在纸上写了"古石今人"四个字。因为我看了这块石头以后，感觉很震撼。石头有 40 吨左右，它在粤海门海边，可能已历经上万年，总归不是个小数字。石头是远古的，但人是今天的，现在特区成立了大学，把这块石头请到了这边，也算是一种见证了。石头风化得很严重，刻小字一刻就酥了，所以我想，干脆就刻这几个字，校长同意了。后来在石头后面，我又刻了"无声"二字，这两个字一直受到我们校友的好评。字写得好不好不是关键，重点是这几个字比较打动人。罗校长如果能再看到这块石头，可能会很有感触。为什么题"无声"？人生苦短，不过百年，而石古万载。我们在这块石头面前，就只是匆匆过客，因而"古石无声"。

"粤海门客舍"和"无声"

与海部俊树的缘分

深圳第一次举办高新技术博览会，海部俊树先生作为特邀代表前来。海部俊树先生是我们深大的特聘教授，那时他作为日本的嘉宾，来参加高新技术博览会的开幕式。当时学校为博览会的开幕办了一个教师书画展，画展上有我一幅画。开幕式结束后，市里几位领导陪着他看书画展。

观展时，海部俊树先生看到了我这幅画，挺感兴趣。后来他说想要买下这幅画。陪同的老师找到我，问这幅画能否送给海部俊树先生，也能够为中日交流做贡献，我当然愿意，于是就答应了。本想作为我们学校的礼物送给海部先生，后来深圳市政府说要以市政府的名义赠予他。海部俊树收到礼物后，表示能不能见一下这个老师。第二天早上，我就到了他所在的宾馆，我们就这么认识了。他问我这张画的内容，我说，画的是一些案头的物品、毛笔之类的东西，上面提了几个字。他对中国文化有挺深的认识，问我："老师，海部俊树这个'树'字，是有个木字旁的，你给我弄没了。"我跟他解释说："不是这个'木'字没了，是挪到上面来了。"他说他想了很久，这么一说他就明白了。

在这之前其实还有一个缘分。深大早几年送给他一个礼物，那是我给他刻的一个图章。他对我们学校很友好，我们学校跟他的联系也挺多的，他那里有我的五个作品。

1999 年，郭西元老师的作品《书斋写生》
作为深圳市政府礼品赠日本首相海部俊树

采 访 后 记

　　篆刻印章定格深大精神，执软毫笔书写深大记忆。如今，退休多年的郭西元老师谈起与深大的往事仍兴致盎然。他将青春岁月留在了这里，见证了深圳从泥浆遍地到高楼拔起。写下了"古石今人"，设计了"脚踏实地"，他以艺术育人，千秋文字承载所思所想，为深圳大学镌刻了"深大印象"。

　　采访结束后，郭西元老师和现场采访的同学还进行了深入的交流。郭老师虽已从学校退休多年，但对人文建设的初心却一直不老。他说："深大建校35周年了，三十而立。我们应该思考的不只是在商业这条路上跑，更要着力补人文学科的短板。"三年前，郭老师还成立了"西元国学堂"，以弘扬传统文化为己任，将国学、书法渗透到儿童的启蒙教育中，为人文建设继续奉献着自己的力量。

亲历改革，情系深大

关于"深大精神"，不能只是讲"三自"，"三自"是校训，"深大精神"是教代会正式确定的两句话——"脚踏实地，自强不息"。这是深大精神的概述。而深圳精神是"开拓创新、诚信守法、务实高效、团结奉献"。深大精神和深圳精神，有着密不可分的内在联系。*

---

* 吴俊忠，1949 年生，江苏通州人。南京大学外文系俄罗斯语言文学专业毕业后留校任教，在南京大学外国文学研究所从事教学科研工作；1984 年在北京师范大学攻读比较文学与世界文学专业硕士研究生，1987 年获得文学硕士学位。毕业后到深圳大学中文系任教，历任中文系主任助理、副系主任、系党总支书记、文学院党委书记、比较文学与比较文化研究所副所长、城市文化研究所所长、校学术委员会委员。长期从事俄苏文学、比较文学、文学理论与社会文化研究。

"深大情结"

我是 1987 年从北京师范大学研究生毕业后来到深圳大学工作的。先在中文系当老师，1989 年 12 月调到学校党委宣传部任副部长。后来又换了几个工作岗位，先后担任过中文系副系主任、文学院党委书记、学报常务副主编、社会科学处处长，可以说是"双肩挑"状态。今年是深圳大学建校 35 周年，我从 1987 年到现在，在深大整整待了 31 年。经历了深圳大学 6 任校长的更换：从罗征启校长到魏佑海校长、蔡德麟校长、谢维信校长、章必功校长，再到现任的李清泉校长。

我亲身经历了深圳大学改革创新的发展过程，目睹了深圳大学在改革发展进程中所取得的巨大成就。因此我对深圳大学怀有深厚的感情。在某种意义上甚至可以说，已经形成了一个"深大情结"，只要一谈起深大，就马上有激情；只要一说到深大，就眉开眼笑。这是一个老教师特有的一种情怀。因此，今天我的口述主要是围绕我经历的深圳大学改革创新过程做一番简单的介绍。

1987 年我从北京师范大学研究生毕业，来到深圳找工作。第一站去的是深圳的另外一个单位，第二站到了深圳大学。当时深圳大学接待我的是人事处的冯利华老师，冯利华老师后来做了学校统战部的部长。冯老师原先不认识我，但他非常热情，到中午时间还给我买了一个盒饭。那个时候的盒饭比较便宜，才一块两毛钱。吃完饭后他跟我说："深大虽然现在有人事的自主权，但接收外来的人，主要还是要靠系主任表态愿意接收你，这样我们人事处就可以办手续了。"于是，我就找到当时的中文系主任胡经之老师，胡老师是从北大过来的，而我是北京师大过来的，我跟他也不熟。胡老师说："到我们这里来工作，你有什么优长？"我说："我是学俄语的，在北师大读的是比较文学，既有外国文学方面的专业知识，也有文艺理论方面的专长。"

胡老师一听非常高兴地说："我们有个比较文学研究所，有德语、日语、英语，就是没有俄语。你来正好，可以补语种之缺。你先回学校做研究生学位论文，一个月以后，我给你发通知。"当时我想：一个月以后真能收到通知吗？但我还是按照胡老师的要求回北师大作论文去了。一个月后，胡老师亲笔给我写了一封信，用钢笔写的，写得非常详细，信上说道：同意接收。问我什么时候来报到。我非常高兴。

"新官上任"

来深圳大学报到时，下个学期的课已经排完了，所以我第一学期没有课上。但不上课总得做点事吧！正好当时中文系搞改革创新，新设了一个旅游文化专业，并因此办了一个全国旅游酒店经理高级管理人员培训班，来的都是各大饭店、酒店的老总、副总。当时因为我没课，胡老师就说，吴老师你就去管这个班吧。非常有意思的是，这些学员都是老总，要求很高，报到后的第二天就要求退款。理由是他们认为深圳大学没有能力办这个班。我一问情况，原来是这样：他们嫌粤海门客舍（现文山湖餐厅的位置）招待所的住宿条件太差，那几顿饭大概吃得也不太好，再加上第一天的参观考察活动安排得也不是很好，他们觉得没有收获，要求退款。胡老师以前也没有管过这种事，他问我该怎么办。我说不要紧，我来。我站到粤海门客舍二楼的阶梯上，从上往下看着大堂，面向学员说："各位老总听我说两句。我跟你们一样，两个月前才从北京来到深圳大学，我也是新人。你们现在想退款回去，无非觉得住宿条件不好，也没有学到东西，但我认为你们操之过急了。你们不是来享受的，是来学习的，住宿条件虽然不是很好，但还不至于住不下去。至于考察参观学习，你们连一次像样的课都没有听过，就提出来想退，未必过早了一些。这样吧，你们不妨再待两天，如果还是感觉不行，我负责给你们退款。现在系主任委托我来管这个班，我说话算数！"他们觉得，既然这位老师这么说了，那我们就留下来。后来我跟胡老师讲，明天我们要派最好的老师讲课，后天要带他们去参观深圳最值得看的地方。结果两天下来后，谁也不想走了，都说深圳其实有很多东西可以学习。我管理这个班20天，后来跟这些学员都成了朋友。

培训班结束后，胡老师把我叫到他的办公室，拿出一个信封，里面大概有2000块钱，他说："这是你管这个班的劳务费。"当时我惊讶了，我在南京大学待了10年，上班时间做任何工作都不给额外的劳务费。我来到深大，第一学期没课，管管培训班也是应该的。但深大不这么看。这件事情我管得很好，管出了效益，理所当然应该得到劳务费。我拿了劳务费，钱虽然不多，却非常感动。这就是当时的深大和内地高校完全不一样的地方。因为这件事，胡老师觉得我还有一些办事能力，给我封了个没有级别的新官：系主任助理。

粤海门客舍大堂

中文学科创新发展

现在，国家的高等教育发展思路做了调整，以前叫办一批"985""211 学校"，现在叫"双一流"（一流高校、一流学科）。其实深圳大学的学科建设，很早就从名称到内涵都有了一定程度的调整。传统意义上的中国语言文学学科，培养的是懂中外文学，有较高语言文化修养的专业人才。学生毕业后能胜任的工作，大多是秘书、办公室主任，甚至作家、记者，但毕竟职业面不是特别宽广。而深大的改革思路则认为，培养的人文科学方面的人才，应该有广博的文化修养，有跨学科的良好知识结构。

深圳大学中文系的学科建设和发展，一直重视"大文科"概念，所谓"大文科"，就是要全面掌握文史哲知识，既要有历史视野，又要有哲学思维，还要有文学情怀，一样都不能少。要中西贯通，不但要学习中国文化，还要知晓西方文化，甚至要有"比较"的视野，"比较"的方法。以我本人为例，我的大学本科专业是俄罗斯语言文学，我现在出的书，15 本当中只有 1 本与俄语语言文学相关，其他知识都是在后来读研究生和参加工作后自己学习的。

深圳大学当年实行学分制，实际上就是为中文系的学科改革做了一个很好的铺垫。深圳大学中文系毕业的学生，现在有的是律师事务所的主任，有的是银行的行长，有的是证券交易所的经理，这是因为在大学期间，同学们通过辅修非中文系的学科，比如经济学、会计学、法学等，有了很宽广的知识面。所以毕业后适应性很强，辅修的专业反倒成了他们的主业。这说明，深圳大学中文学科改革的方向是完全正确的。将来深圳大学中国语言文学的学科建设和发展也要遵循这样的思路，开阔视野，优化结构，培养出有较广阔的知识面的人才，能够适应社会各个方面的需要。

感受深大改革

深圳大学早期的办学思路有两点非常清楚。第一点是探索高教改革新路。当时学校的教学管理特别严格。我来了以后第二学期才开始上课，除了夜大学的课，还有白天全日制的课。记得我曾给管理系的一个班讲"大学语文"课，本来对我来说，上个"大学语文"课应该是不难的，但是我听说了曾发生的一件事，还真把我难住了。这个班的大学语文课原来是学校机关一个老师兼上的，由于讲得不好，学生给罗校长写信要求更换老师。后来学校教务处为此发了一个《关于取消××老师讲课资格的通知》。我听说后眼睛都瞪大了！我在南京大学待了十年，即便要换老师，绝对不会公开发通知取消讲课资格。看到通知后，我觉得深圳大学的教学管理真是严格。后来我上这个班的课，想着既然这个班的学生那么挑剔，已经把一个老师挤下台了，我必须要能胜任啊。应该怎么发挥自己的优势呢？我想了个办法。先问教务处的老师："大学语文总共是 23 篇课文，我能不能不按顺序讲？先从后面挑一篇理解比较深透的讲，然后再讲前面的。"他说可以。当时我是这么想的：第一节课一定要建立良好形象，要让学生认同我这个老师。于是我就挑了一篇讲王昭君的课文。王昭君——中国四大美女之一，有故事，比较好讲。我讲完后很受学生欢迎，他们也就很自然地认可了我。由此可见，深大当时教学管理真是严格，如果教得不好，那就请你下去，换别的人上来。这是我的一个非常深刻的印象和体会。

让我印象深刻的另一件事是实行教师聘任制。很多单位的聘任制实际上是流于形式的，虽说是聘任，但几乎没有解聘的。深圳大学的聘任制可是"货真价实"。我记得中文系当时给我发了一张聘书，上面有这样一段话：你有义务承担每周 12 节课的教学工作量。这就表明，如果需要你上 12 节课，你没有任何理由推诿和拒绝。如果违背教学纪律，产生教学事故，将会受到严重处分，必要时将会被解聘。我看了后，心想这个到底是真的假的？直到后来我亲眼所见，才知道深圳大学的教师聘任制确实是非常严格。中文系有一位女老师，她在外面兼职，上课不用心，出了教学事故，最后真的被解聘了。这位老师被解聘时，有点依依不舍，但她也表示理解，毫无怨言地离开了深大。

深大早期办学思路的第二点是"为特区社会发展培养急需人才"。深圳大学夜大学的大专班就是一个例子。我在南京大学学习和工作时看到，每个老师都有自己的专业特长，比如说历史系的老师，研究唐代和宋代的就只讲唐宋历史，后面的元明清的历史都讲不下来，这样就造成老师只讲断代史不讲通史的现象。但是我到了深圳大学后，一周要上8门课：公文写作、秘书学、现当代文学作品选、大学语文、实用美学等。有的时候上课太匆忙了，连讲稿都会拿错，因为讲稿实在太多了。深圳特区刚刚建立不久，急需应用型的大专型人才。于是，深圳大学办了一个"夜大学"，后来更名为"半工半读高等专科学院"，实行"宽进严出"。所谓"宽进"就是进来不用考试，报名的都可以来读；"严出"是指毕业时，要经过严格考试，考试合格才可以拿到毕业证书。后来因为广东省管理比较规范了，我们正式向深圳市人民政府、向广东省高教厅提出申请，要求深圳大学夜大学的学生参加全国的统考。

当时有一个非常感人的事例。有一个叫詹兆强的学生，家里很穷，没有钱上学，但是他就想读书。他一开始还没有入学，就在深大校园里到处逛，穿的衣服又不太好，保卫处要抓他，他就到处躲藏。后来有一次被罗征启校长发现，罗校长问他怎么回事？他说想在深大读书。后来学校让他读了我们中文系的大专班。大专班毕业后，我还带他去几个单位帮他找工作。由于他在大学期间摔了一次，脚有点跛，许多单位都不愿意要。于是他就办了一个报亭，卖报纸。后来又专门办了残疾人卖报亭，还是全国连锁，清华大学校园里也有他的卖报亭。那个时候，卖报很能赚钱，他一下子就富起来了，还买了汽车，当时我们老师都买不起汽车。他对学校非常感恩，还给深大捐赠了一些钱。深大30

周年校庆的时候，杰出校友登上主席台，他也是 30 个人中的一个。这个典型例子说明，深圳大学当时的大专班让那些经济困难的人有了读书的机会，让深圳想读书的人有了读书的可能。

深圳大学大专班培养出很多有用的人才。深圳市以前的一个市委常委，就是深圳大学大专班毕业的；深圳市一些企业的老总有很多也是深大大专班毕业的。有一次，我在外面给深圳市国有企业的老总、副老总们讲课，课间休息的时候，有一个老总过来说："吴老师，我和你是校友，我是以前深大大专班经济管理系的。"我听后感到非常亲切。

还有一个例子，就是我们中文系的特区文化研究生班。我是1987 年来到深大，1988 年办的这个班。当时由于我相对年轻，课也少一些，系主任胡经之老师对我也比较信任，就让我做这个班的管理班主任，班里的日常事务都由我管。那个班招收的大都是深圳市文化系统的领导和工作人员，有文化局的局长、宣传部的副部长、特区文化研究中心的主任等，都是当时文化界的知名人士。省外的一些人知道了深圳大学有这么个班，居然还有专门从湖南跑到深圳租房子，来修读深大特区文化研究生班。深圳大学有一任党委书记——姜忠，就是这个研究生班的学员。这说明深圳大学办的这样一个研究生班，为特区文化研究做出了很大的贡献。深圳曾被称为"文化沙漠"，说明深圳文化底子薄，早期发展相对滞后。但是后来深圳又创造了文化超常快速发展的奇迹。因此，怎样看待深圳特区文化，特区文化到底有什么内涵，有什么特点，将来发展趋势怎么样，都必须深入研究。我们办了这个特区文化研究生班，就培养了一大批专门从事特区文化研究的人。深圳大学对深圳发展的文化贡献，通过这些事例就可以体现出来。

深圳大学社会文化研究生班毕业留念

管理细节显真章

创办《深大简讯》

深圳大学早期的管理细节也非常感人。比如创办《深大简讯》，校办和编辑出版中心，每天编辑一份校园简讯，打印出来，分发到教工食堂、学生饭堂，放在打饭的窗口旁边，老师学生打饭时就可以拿一份，看看学校当天发生的重大事情。上面几乎什么都有，比如某某领导来视察，某某教师最近有什么发明创造，某某学生得了什么奖……全校老师每天都非常关注这份简讯。那个时候不像现在，没有网络、没有微信公众号，只有这种纸质新闻。现在我们学校规模大了，增加了后海校区、西丽校区，这么大范围，这么多师生，光靠"公文通"通知也许还不够。我倒觉得依然可编一个简讯，但不需要印出来，可以通过微信公众号，通过网络传播。这是我的体会。

《深大简讯》

破例录取战斗英雄史光柱

深圳大学当时有一件事情，影响全国。中越自卫反击战中，有个战斗英雄叫史光柱，他在战场上光荣负伤，双目失明。经常被请到全国各地做报告，深圳大学也邀请了他。他在做报告时讲了这样一句话："我很遗憾没有机会读大学了，在座的同学，你们一定要珍惜现在读大学的机会，要好好学习，争取将来为国家做出贡献。"罗校长就把他这句话记在脑子里，中途从这个会场悄悄地出去，把几位副校长召集起来，说："我有个想法，我们给史光柱一个读书的机会，让他到我们这里读中文系。"其他几位副校长提出疑问：教育部会不会同意？中央军委会不会同意？罗校长说："史光柱是个特例，我们不能按常规办理。我们应该开这个先例。"结果深大接收了他，如实上报，也很顺利通过了审批。史光柱在深大读书，改变了他一生的命运。深大有个旅游文化大专班，班上有一位北京姑娘，形象很好，人也善良。她喜欢史光柱，后来她跟史光柱结了婚，现在史光柱的儿子都已经大学毕业了，一家人和和美美。

我觉得深大这一点非常了不起，不是简单招收了一个学生，而是彰显了特区大学敢为人先、勇于创新的精神。

史光柱（左三）与同学交流

教师工作午餐会

深圳大学早期有一个惯例，每周有一次教师工作午餐会。那时候教师人少，一天中有课在校的老师加起来也就是一二百人。我们中午就在办公楼二楼中间的饭厅吃饭，就是现在教务处的位置。学校的领导、各处的处长、在校的老师都到那儿吃工作午餐，大家吃的都是一样的盒饭。校领导讲工作安排，老师们可以互相讨论。我来深大不久，觉得这个形式特别新颖，感觉到非常亲切。校领导和普通老师之间没有隔阂，能直接面对面交流。老师可以直接向校长提问题，校长有什么工作安排、意见，也可以"一竿子插到底"，直接传达给每一位老师。这是我来到深大后感到尤其新鲜、尤为感动的一件事。深圳大学跟内地就是不一样，我在南京大学待了 10 年，除了开大会之外，没有面对面见过校长。现在我们有书记下午茶、校长午餐会，这也是深大以往的好作风的一种继承和发扬。

曾经的办公楼饭厅

勤工俭学

许多人认为当时深圳大学的勤工俭学，就是给学生一个打工的机会，学生可以挣点钱，自力更生。其实不然，勤工俭学后面有个括弧"第二课堂"。勤工俭学并不仅仅是给学生打工挣钱的机会，更是培养他们热爱劳动、磨炼意志、自力更生、自立自强的"第二课堂"，是一种精神的教育和提升。这点非常重要。

我记得罗校长在他的一本书里曾经写过这样一个故事：杜鹃山上原先是没有树的，后来学校决定要种树，种树要先挖坑，挖一个坑给一块钱。有一个农村来的学生，比较能干，一天挖了45个坑，意味着他可以拿到45元。我们老师那时候一个月的工资才198元，他一天就挣了45元，那是很大的一笔数字了。学校的财务处比较保守，觉得一个学生怎么能拿那么多钱，想给他打点折扣。后来那学生反映到校长那里，校长跟财务处说："这是学校的规定，照章办事，你不给他发钱，我扣你的工资。"财务处只好照发，但把这45元分几次发给他，怕他一下子乱花花掉了。由此可见，深大的勤工俭学，说到做到！

勤工俭学还培养了学生热爱劳动、敢于吃苦的好习惯。我们系里有一个学生是专门负责打扫厕所的，上班需要穿做卫生的工作服，但他一点都不怕脏，干完活，晚上洗完澡，换上正儿八经的学生服装，又精神焕发。我看在眼里，非常佩服。这跟传统印象中的大学生完全不同。

学校举办大学生演讲比赛，我去当评委。有位同学发言："尊敬的各位老师，各位同学，三年前的今天，我的妈妈把我送到村口那一条大路上的时候，我还是一个不能让妈妈放心的孩子。三年后的今天，我站在深圳大学的讲台上，可以豪迈地宣告，我完全自立了！现在不但不要家里给我一分钱，我每月还可以略有结余，都是靠勤工俭学得来的报酬。"我在台下听了非常感动。

学生自辦實驗銀行　　　　　　　　　　Student running Bank

學生自辦實驗郵局　　　　　　　　Student running Post Office

学生自办实验银行和实验邮局

　　所以说这些小故事都反映出当时的深圳大学，从教师到学生，精神面貌焕然一新。现在讲，要建设全新的校园文化。我以为，大学校园文化最核心的一条，就是要每一个成员，从教师到学生，对这个大学有发自内心的认同，发自内心的喜欢和爱。那个时候深大的学生走到社会上一讲起母校都是非常自豪，滔滔不绝的。

书亭
Book Store

洗衣公司
Laundry

学生自辦實驗商场

学生自办书亭、洗衣公司和实验商场

服務　　　Service

校長秘書　The President's secretary

学生提供擦鞋服务、担任校长秘书

（节选自《深圳大学三周年纪念册》）

改革创新是深大精神的核心

作为深圳大学的一个老教师，我经历了深圳大学的改革创新和发展过程，站在一个老师和一个学者的角度，我认为对深圳大学我们可以达成以下三点共识。

第一，深圳大学之所以被称为具有改革创新传统的著名高校，在于它有改革创新的精神。深圳大学是靠改革创新起家，靠改革创新发展，不改革不创新就不是深圳大学，这是我的一点体会。深圳大学第五届党代会，确定未来发展目标三个关键词——文化引领、创新驱动、内涵发展，创新仍然是其中之一。

第二，深圳大学在全国的影响，除了改革创新、更新学校的管理制度和人才培养模式之外，还有一个非常重要的方面，就是深圳大学地处特区，受外来文化影响较大，因此深圳大学的大学文化是别具一格的。校外的人来参观后都对深圳大学留下了深刻印象，很多都是得益于这方面。我们应该为此感到自豪，同时也要进一步把深圳大学的文化建设得更好。

第三，深圳大学的老师从深大创办起，一直到现在，有一个非常好的现象，就是对深大高度认同，以深大为荣，为深大感到自豪。用现在的理论话语讲，这叫文化认同。我觉得，这个认同是学校能够有较大的凝聚力的非常重要的前提。今后我们的校园文化建设仍然要继续强化这个方面的内涵。我发现学校第五次党代会提出的文化引领，实际上就涉及这方面的内容。深圳大学现代实际上已经进入了原来意义上的"211"。原来所谓的"211"，就是在21世纪办100所重点大学，当时我们深圳大学因为某种原因没能进入"211"，但我们学校现在的排名已经在前六十几位甚至前五十几位。

最后，我也想对深圳大学的发展提两点个人的建议和希望。深圳大学现在发展很快，可以说基本实现了"高校之林，后来居上"这样一个梦想。但跟北大、清华这样的著名高校相比，跟党和国家以及人民对我们新型大学的要求和希望相比，仍然还有很长的路要走。因此我们既要增强文化自信，又要客观理性地认识自己的现状，确定一个正确的发展战略，为深大进一步的快速发展创造更好的条件，使深大真正成为在国际上有较大影响、在国内排名前列、人民满意的高水平现代化新型大学。这不是一句空话，而是深大未来发展的光明前景，我们对此充满自信。

深圳精神与深大精神

深圳作为一座新兴的特区城市，它的文化发展需要经历一个从逐步积累，再到加速发展的过程。在这个过程中，能够起到引领作用的是层次较高的人文文化，或者说是学术文化。就这一点来讲，非大学莫属。深圳大学不仅是学术文化的集聚地，同时可以通过我们的学生，将人文文化传播到社会，影响社会的文化进程。深圳大学每年举办的各类会议和文化活动，也有不少的社会各界人士前来参加，这都是文化传播的重要途径。城市文化是分层次的，它的最高端就是学术文化。可以说，没有深圳大学，没有深圳大学等高校所传播的这种高层次的人文学术文化，深圳就会缺少一点文化的魅力。从这个意义上可以说，深圳的城市精神与深大精神是密不可分的。

关于"深大精神"，不能只是讲"三自"。"三自"是校训，"深大精神"是教代会正式确定的两句话——"脚踏实地，自强不息"。这是深大精神的概述。而深圳精神是"开拓创新、诚信守法、务实高效、团结奉献"。深大精神和深圳精神，有着密不可分的内在联系。

第一，创新是共同的。深圳是靠改革创新起家，深圳大学也是。没有深圳就没有深大。因此在创新这一点上，深大精神和深圳精神，具有内在的吻合性。

第二，深圳精神具备浪漫气息、浪漫情怀，这和内地其他城市是不一样的。深圳大学作为一个高等学校，这种诗意的情怀，恰恰是浪漫气息最浓厚的地方。所以人们走进深大校园，会感觉到这是一块净土，仿佛进入另一种生活氛围当中，一种全新的文化氛围。所以我们说深圳有深大，就不能称它为文化沙漠。深圳有深大，就不能说文化层次、文化境界不高。而深圳大学如果没有深圳做依托，它也不可能有这样的创新和发展。

第三，深圳大学增强了深圳的文化竞争力。深圳实施"文化立市"战略，有这样一句话："现代城市的竞争，经历了拼经济、拼管理再到拼文化的发展演变。"一个城市如果没有文化品牌，没有文化品位，没有高档次的文化设施，这个城市是很难有较强的文化竞争力的。深圳大学从文化设施来讲，是当年最初的八大文化设施之一。从文化品位来讲，深圳大学的改革创新，包括学术文化活动，也是给深圳市增光添彩的。

第四，从文化影响来讲，深圳大学的影响是享誉海内外的。深圳大学举办的国际学术会议，海内外的人都知道。日本前首相海部俊树、著名科学家杨振宁，都在深圳大学的讲坛上做过讲座。因此，在这个意义上，深大和深圳是密不可分的。深圳的城市精神和深大的人文精神也是密不可分的。

采 访 后 记

　　这是我们第三次与吴老师见面，第一次是他陪同胡经之老师来档案馆接受采访，还记得那次他穿的是格子外套内搭一件T恤，一双轻便的运动鞋。从家里接两位老师来档案馆的路上，吴老师还向我们分享了他的服装品位、退休后的丰富而有趣的旅行故事，从那时开始，吴老师就已经在我们心中留下了非常深刻的印象。这次邀请吴老师来档案馆进行采访，他却是完全不同的打扮，枣红色的西装外套，领口露出一点时尚的波点衬衣，显然是精心搭配过的。退休后的吴老师经常被邀请去做讲座、做采访。因此在采访中，他认真严谨的专业态度也缓解了采访记者的紧张感。采访结束后，吴老师现场为深大题写了一首藏头诗："深海凭龙潜，大地任鹿逐，腾空扶摇上，飞跃万目瞩。"抒发了他对深大快速发展的美好祝福：深大腾飞！

后　记

　　非常荣幸此书能作为深圳大学《文化创新发展实践丛书》之一出版。记载深大岁月，珍藏深大记忆，传承荔园文化，一直以来都是深圳大学档案馆的职责和使命。自口述历史项目列入"文化创新发展纲要"重点项目以来，我们肩负着历史的使命，迎难而上，克服了没设备、没场地、没有技术人员等困难。我们充分利用现有资源，将档案馆查档利用室的一角布置成临时采访室；租借设备，同时紧急购置摄像机，邀请信息中心技术人员对我馆老师及学生进行速成培训，现学现用，边用边学，解决了拍摄难题；同时组建"深圳大学校史协会"社团，招募学生参与相关工作。

　　工作开展两年多来，档案馆带领"深圳大学校史协会"学生社团，对我校老教师、老干部进行采访、录像，并对录音进行整理，形成文稿，几经校改，才有此书。由校史协会成员罗夏林、温智彰等同学负责摄像，郑涵、贺毅飞、张宝婧、高菀婷、张淑平等同学转录文稿；指导老师马婷婷进行采访指导、内容梳理、丰富史料及注释、形成完整文稿；档案编研室江婷老师一次校改；受访者本人二次校改；档案馆陈洪静馆长进行最终校改。采访过程中，离不开各位领导、教授、校友的指导和宣传部的重视，离不开信息中心的技术支持以及离退休办公室的沟通协助，更离不开档案馆全馆师生的通力协作。此书最终得以编撰出版，还得到了刘洪一书记、范志刚副书记的高度重视和大力支持。在此对以上倾情付出者表示衷心感谢！

访谈历史作为亲历者的讲述，不可避免会受到讲述者记忆能力、感情倾向、知识境界等影响，难以做到完全客观地表述历史事件。因此，本书目的不在于评判历史、升华历史，而是力求通过"讲述深大故事"来丰富历史细节，为还原深大历史原貌拾遗补阙。讲述者在细说深大创办时期历史事件细节时，内容也许不尽翔实，既不是完整系统的深圳大学史志，也不是具有高度凝练价值的深大精神的升华，但情感的渗透最为动人，语言的顿挫最具力量，关于对深大精神的理解，那是属于读者的内心探索旅程。每一位为深大建设辛勤付出的前辈身上都闪烁着异彩，他们或处事谦卑，或激慨昂扬，或公诚朴实，或倔强坚韧；每一件众志成城的历史事件，其中细节均闪烁着光芒，有的流传至今，有的淹没在历史尘埃之中；端正盘踞在校园中心的图书馆、相互贯通的教学楼，在阳光下折射着光斑的一砖一瓦……这些都是深大精神所在，特区精神所在。这需要读者在阅读中挖掘，在聆听述说中感受品味，在自己内心深处慢慢感悟。我们衷心希望，此书能成为深大师生了解深大历史的"入门级"教科书，成为凝练深大精神、特区精神的参考书，为深大历史文化研究提供具有参考价值的基础性材料。

最后，书中内容经受访者本人及编者多次校改，但因部分受访者年事已高，编者水平有限，如有不当之处，敬请读者批评指正。

编　者

2020 年 7 月 9 日